宇宙奥秘解码

名胜古迹的置疑考证
名胜时空穿越

韩德复　编著

中国出版集团
现代出版社

前言
reface

神舟九号圆满完成载人空间交会对接，嫦娥三号即将实现月球表面探测，萤火号启动我国火星探测计划……我们乘坐宇宙飞船遨游太空的时候就要到了！你准备好了吗？

21世纪的曙光刚刚揭开天幕，一场太空探索热潮在全球掀起。一个个云遮雾绕的宇宙未解之谜披着神秘的面纱，激起我们遥望宇宙这个布满星座黑洞的魔幻大迷宫，探求走向太空熠熠闪烁的道路。

太空将是我们人类世界争夺的最后一块"大陆"。走向太空，开发宇宙，是我们未来科学发展的主要方向，也是我们未来涉足远行的主要道路。因此，感知宇宙，了解太空，是我们走向太空的第一步。

宇宙展示包括地球及其他一切天体周围的无限空间，太空则展示地球大气层外层空间，直至宇宙的各个领域。发现天机，破解谜团，这是时代发展的需要，也是提升我们素质的良机。

我们在向太空发展的同时，也在不断挖掘地球的潜力，不断向大海、地底等处深入发展。我国载人深潜器"蛟龙"号再创载人深潜纪录，海底发现可满足人类千年能源需求的可燃冰，等等，这都说明我们探索地球的巨大收获。

从太空到地球，宇宙的奥秘是无穷的，人类的探索是无限的。我们只有不断拓展更加广阔的生存空间，破解更多的奥秘谜团，看清茫茫宇宙，才能使之造福于我们人类，促进现代文明。

　　为了激励广大读者认识和探索整个宇宙的科学奥秘，普及科学知识，我们根据中外最新研究成果，特别编辑了本书，主要包括宇宙、太空、星球、飞碟、外星人、地球、地理、海洋、名胜、史前文明等存在的奥秘现象、未解之谜和科学探索新发现诸多内容，具有很强的系统性、科学性、前沿性和新奇性。

　　本套系列丛书知识面广、内容精炼、图文并茂，装帧精美，非常适合广大读者阅读和收藏。广大读者在兴味盎然地领略宇宙奥秘现象的同时，能够加深思考，启迪智慧，开阔视野，增加知识，能够正确了解和认识宇宙，激发求知欲望和探索精神，激起热爱科学和追求科学的热情，掌握开启宇宙的金钥匙，使我们真正成为宇宙的主人，不断推进人类向前发展。

目录
Contents

天地奇观

置疑考证

远古名胜

　　远古名胜虽然历经沧桑，颜面残损，但其见证了遥远的历史，弥补了文字纪录的不足，是我们研究历史、探索人类发展轨迹的宝贵实物资料。

阿尔忒弥斯神庙

阿尔忒弥斯的传奇

阿尔忒弥斯是古希腊神话中的狩猎女神、月神，奥林匹斯主神之一，也被视为野兽的保护神。阿尔忒弥斯为主神宙斯与暗夜女神勒托之女，阿波罗的孪生姐姐，生于阿斯特里岛，在罗马神话中，她又被称为戴安娜。相传，勒托在阿尔忒弥斯出生9天后又在阿尔忒弥斯的协助下生下阿波罗。因此阿尔忒弥斯又被奉为生产、接生之神。阿尔忒弥斯掌管并照顾着女人分娩，保护少男少女，是一位贞洁的处女，人们对她崇拜有加。

阿尔忒弥斯曾被奉为植物的保护神，后又演变为丰产女神和生育的庇护者。其圣地多在象征着丰产和植物之神的泉水与池塘附近，她的奔放如同小亚细亚的众神之母基伯勒。

在以弗所神殿中，她被奉为多乳之神。她刚降生，就为其母接过随之降生的阿波罗。她还有使人猝死之术，或通过生育神埃勒提娅为产妇助产。　关于阿尔忒弥斯的早期传说与月神有关，她与塞勒涅近同，晚期神话则将她描述为爱恋美少年恩狄弥翁之月神。阿尔忒弥斯最初并不是月神，相传她向宙斯索要月亮一职，宙斯默许了，此后她就与月神像混同了。

阿尔忒弥斯如何掌管狩猎

在林莽和山野间，她手持弓箭，由众犬伴随，与众女神一起以狩猎为戏，有时乘坐两只鹿拉着的车子出行。阿尔忒弥斯勇猛剽悍，有时又十分残暴。她恪守自古已有之种种习俗，并要人们严格奉守。凡违背者，常以弓箭射杀。卡吕冬王奥纽斯因为没有一如既往地向她奉献新鲜果实，她盛怒不已，竟将凶恶的猎人驱赶进卡吕冬。她挑唆围猎者首领墨勒阿格尔与族人不和，致使大英雄墨勒阿格尔惨死。远征特洛伊的希腊联军首领阿伽门农射杀她的圣鹿，并炫耀他的射箭技术比狩猎女神还要好。阿尔忒弥斯一气之下，令海风骤然停息，希腊联军的船只因而无法起航。

她执意要以阿伽门农之女伊菲格涅娅作为祭品，抵偿圣鹿，并通过预言家予以转告。阿伽门农被迫依从。她又在祭坛上以鹿易人，瞒过众人，将伊菲格涅娅携至陶里斯，使其成为自己神庙中的女祭，专司索取贡物。相传，赫拉克勒斯曾杀死克律涅亚金角鹿，被迫在阿尔忒弥斯与阿波罗面前辩护自己无罪。阿尔忒弥斯在克里特被视为兽类主宰，并以狩猎的宁芙女神布里托玛尔提斯为化身。她最古老的形象，不仅为一女猎者，甚至为一牝熊。

阿尔忒弥斯神庙是为谁建的

阿尔忒弥斯神庙建于公元前560年，是一座长方形白色大理石建筑，长125米，宽60米，高25米，占地面积6300多平方米。庙宇的回廊有137根圆柱，每根圆柱高约20米，底部直径为1.59米，柱石千姿百态，整个建筑看上去俨然是一个廊柱之林，给人一种庄严、恬静、和谐的感觉。

大理石圆柱的柱身下部均有形态各异的人物浮雕，造型优美，形态逼真，栩栩如生。柱顶盘由一个带有3个盘座面的框木组成，盘座面上装饰着一排花边似的齿饰，在框木上面是刻有四轮战车的浮雕，细致精巧，精美异常。但是，阿尔忒弥斯神殿并

不是用来祭祀这位女神的，而是为祭祀一位安那托利亚古老的女神而修建的，而安那托利亚的女神被以弗所人比作心目中的阿尔忒弥斯，故神殿以阿尔忒弥斯的名字命名。

神庙是如何消失的

以弗斯城里有个叫埃罗斯特拉特的人，一心要做出一件轰轰烈烈的事情使自己名扬天下。结果，在公元前356年亚历山大大帝出生的那天晚上，潜入月亮女神庙，放火烧毁了这座驰名全球的建筑杰作。

这个纵火犯被捕后，法官对其判处了极刑。法官为了不让他的图谋得逞，下令不许提及他的名字，否则也将被判死刑。2000多年过去了，埃罗斯特拉特这个名字还是被传了下来，不过，它已被当做"疯子"和"精神病患者"的同义词了。

被烧毁的月亮女神庙很快又被重建了起来。262年，哥特人入侵以弗所，将月亮女神庙里的财宝劫掠一空，然后付之一炬，把它彻底摧毁了。作为"世界七大奇迹"之一的阿尔忒弥斯月亮女神庙，就这样永远地从人们的视线里消失了。

在漫长的岁月中，阿尔忒弥斯神庙屡遭洗劫，变得满目疮痍。然而，人们从现在残存的建筑物地基和石柱遗迹中，依然可以想象出它当年的雄姿。

我还想知道

阿尔忒弥斯神殿是古希腊最大的神殿之一，其规模超过了雅典卫城的帕台农神庙，也是最早完全用大理石的建筑之一。以建筑风格的壮丽辉煌和规模巨大跻身于"古代世界七大奇迹"之列。

全能之神宙斯神像

宙斯的神奇传说

宙斯是古希腊神谱系中的第三代神王，他是全能之神，能明察世间任何事物，决定着神灵和人的命运。

宙斯在罗马神话中被称为朱庇特，是克洛诺斯与雷亚最小的儿子。

克洛诺斯通过推翻他的父亲乌拉诺斯，获得了最高权力。在他得知他也会和自己的父亲一样被自己的孩子推翻时，便把他的孩子们吞进了肚子。

他的妻子雷亚因为不忍心宙斯也被吞进肚子，于是拿了块石头假装宙斯给他吞下。宙斯长大后，联合兄弟姐妹一起与父亲展

开了激烈的斗争。

经过10年战争，宙斯终于在母亲大地女神雷亚的帮助下战胜了父亲，宙斯和他的兄弟波塞冬、哈迪斯分管天界、海界和冥界。从此，宙斯成为掌管宇宙的统治者。

宙斯神殿是谁建造的

1954年至1958年间，考古学家在距离宙斯神殿不远的地方，挖出菲迪亚斯工作地方的遗址，形状大小与神殿的主室相同。菲迪亚斯可以在这种类似神殿的环境中雕塑宙斯像，而不致妨碍到神殿其他工作的进行。

在菲迪亚斯工场遗址上还发现了很多公元前435年制造的雅典陶器、象牙、玻璃、金匠工具以及赤陶模型的碎片，看来是供制造神像部分衣饰之用。在出土的陶器当中，有一个残破不全的杯子，杯子有刻工精细的文字："我属于菲迪亚斯"。

奥林匹斯山的宙斯神像是古希雕刻家菲迪亚斯的杰作，他用象牙制作成宙斯神像的躯体，用黄金制成宙斯神像的长袍。

宙斯神殿是多利斯式的建筑，整座神像及他穿的长袍都是由黄金制成，他头戴橄榄编织的花环，右手握着由象牙和黄金制成的胜利女神像，左手拿着一把镶有闪烁耀眼金属的权杖，上面停留着一只鹰。

宙斯神像是如何毁灭的

神像昂然地接受人们崇拜达900多年，但最后基督教结束一切。393年，罗马皇帝都路一世，毅然颁发禁止竞技的敕令，古代奥林匹克竞技大会也是在这一年终止。

接着，426年，又颁发了异教神庙破坏令，于是宙斯神像就遭到破坏，菲迪斯亚的工作室也被改为教堂，古希腊从此灰飞烟灭；神庙内倾颓的石柱更在522年和551年的地震中震垮，石材被拆，改建成抵御蛮族侵略的堡垒，随后这一地区经常发生洪水泛滥，整个城市埋没在很厚的淤泥下。

所幸的是神像在这之前已被运往君士坦丁堡，被收藏于宫殿内达60年之久，可惜最后也毁于城市暴动中。

我还想知道

宙斯神像已消失于世上，如今它却以另一方式至今犹存，伟大的宙斯脸孔了变成东正教的全能基督像。在伊斯坦布尔科拉的圣方济各小教堂内，顶端宝座上坐着的就是化为基督的奥林匹亚宙斯神。

古巴比伦空中花园

空中花园是如何得名的呢

空中花园，又称悬园，是公元前6世纪，由新巴比伦王国的尼布甲尼撒二世在巴比伦城为他的患思乡病的王妃安美依迪丝修建的。

空中花园位于新巴比伦国王尼布甲尼撒二世的王宫旁边，据说是110多米高的假山，依附于两座城墙之间，假山层层种植花

草树木，以人力引河水上山，既浇灌了花木，又制作了人造溪流和瀑布奇景。

假山分为上、中、下三层，每层都铺上浸透柏油的柳条垫，以防渗水。为了防止有万一的情况发生，还在上面再铺两层砖头，还浇铸了一层铅。经过这些措施以后，才在上面一层一层地培上肥沃的泥土，种植许多奇花异草。这些花木远看好像长在空中，所以叫做"空中花园"。

空中种了花木，浇水是个大问题。于是，人们特意在顶上设计了机械的提灌设备，把几个水桶系在一个链带上与放在墙上的

一个轮子相连，轮子转动一周，水桶就跟着转动，完成提水和倒水的整个过程，水再通过水槽流到花园中进行灌溉。

空中花园消失之谜

为什么埃及的金字塔、神庙、古墓能保留至今天，而同时期的巴比伦却荡然无存了呢？这与建筑风格和建筑材料有关。巴比伦千里之内，无石可取，只有就地取材，使用土坯或土坯烧成的砖，土坯其内，砖包其外，大小建筑无一例外。

这样，即使砖墙无恙，泥坯墙也会软坍下来。而建筑物坍塌之后，当地居民又把墓址上的砖块挖走去建造住宅，这样古城遗址上就出现了一个个被挖走砖块的深坑。

就这样，砖块被一块块、一层层地挖下去，直至出水没法再

挖为止。与此同时，巴比伦城还遭到地下水的浸淫、盐碱的腐蚀、洪水的泛滥，从而使它难以长存人间。

另外，外族的多次入侵，也都给巴比伦城带来毁灭性的破坏。1901年，德国人以考古挖掘为名，用了18年，把阿什塔尔门搬走了，甚至一条近百米长的沥青和砖块路面也被挖走了。

如今我们只能在巴比伦的遗址上想象当年空中花园带给人们的美丽壮观。

由于花园比宫墙还要高，给人感觉像是整个御花园悬挂在空中，因此被称为空中花园，又叫"悬苑"。巴比伦的空中花园从来都不是吊于空中，这个名字的由来纯粹是因为人们错误翻译所致。

摩索拉斯陵墓

犹如悬在空中的陵墓

摩索拉斯陵墓和陵墓主人，虽名垂青史，但也备受世人与历史的嘲弄，至中还包含着许多解不开的谜团。

陵墓的规模十分宏大，高耸入云，气势蔚为壮观，犹如悬在空中。除了恢宏的外表之外，陵墓内部非常精美的装饰、雕塑和众多的雕像，也为这座宏伟的建筑物增添了不少光彩。

整座建筑由三部分组成。底部高大，近似于方形的台基，高达19米，长39米，宽33米。台基之上竖立着一个由36根柱子构成的爱奥尼亚式的珍奇华丽的连拱廊，陵墓的顶饰是高达4米的摩索拉斯和王后阿尔特米西娅二世的乘车塑像。

为何建造如此雄伟的陵墓

摩索拉斯陵墓散发着一种神秘的气息，陵墓的主人是古代小亚细亚加里亚国王摩索拉斯。加里亚是当时阿那托利高原西南部的一个小国，受波斯帝国的统治。

古往今来，历代君王为自己建造辉煌的陵墓以图不朽，但摩索拉斯不过是一个强大的波斯帝国任命的地方长官，为何要建一

座只有埃及法老的金字塔才可与之媲美的安息之所？

有人说，这位太阳神赫利俄斯之子要效法高贵的埃及法老去触摸太阳。摩索拉斯虽然在名分上低于波斯帝王一等，但他毕竟是一方之主。他很清楚地知道自己不会在军事上取得卓越成就，也不可能成为杰出的诗人和哲学家而青史留名。

为了令别人对他的小国刮目相看，他下令修建陵墓，企图进一步展示自己的权力。

摩索拉斯被安葬了吗

然而，摩索拉斯不仅生前没能亲眼见到自己耗尽20多年心血建造的长眠之地，而且死后也未能如愿地安葬在那座高大雄伟的陵墓里。

据说摩索拉斯王死后，深爱他的王后将他的骨头碾磨成粉末，溶解在葡萄酒里供自己饮用，国王和王后之间纯洁动人的爱情故事因此失色不少。

英国考古学家查尔斯·牛顿从1856年起便在摩索拉斯陵墓内进行发掘工作，但时至今日，人们仍不清楚摩索拉斯的石棺究竟是在神像室里，还是放在建筑物下面地基内部

的墓穴中，或许他真的没有被安葬在里面。

也有人指出，摩索拉斯陵墓是一座家族的坟墓。这些人猜想，这里可能并不只是一位国王的墓葬，而是为了纪念和缅怀整个埃卡多米尼迪王朝修建的陵墓。

陵墓为什么建在市中心

对此，有人从古希腊人的价值观角度来解释。在古希腊的文化氛围里，死者的世界黑暗而寂静，出没着恐怖的幽灵，人死后就会过着暗无天日的生活。

只有尽可能地为自己赢得死后的荣誉，这样亡灵就会依然存在于活着的人的意识之中，这样才能超越死亡，赋予生命永恒的意义。

也许，摩索拉斯王就是这样做的，他也的确因此而名垂青史了。然而，他的躯体却在15世纪前的一次大地震中受损。

陵墓是被谁毁坏的呢

1402年，汪达尔人圣·乔万尼率领的骑兵征服了哈利卡纳苏斯，征服者对这座异教徒的艺术圣殿不但毫无仰慕之情，反而深恶痛绝。

1494年，为了加固军事要塞，统治者们毫不留情地把陵墓当成了采石场，甚至连很小的碎片都被送进了石灰碾磨厂，用于大规模建造他们的堡垒圣·彼得堡。雄伟的摩索拉斯陵墓就这样渐渐被毁掉了。

摩索拉斯陵墓的闻名之处是它的雕刻，存放在大英博物馆的摩索拉斯王陵遗迹中有世界上古老希腊像的雕刻碎片，栩栩如生的真实人像，这就是陵墓成为奇观的原因。

特奥蒂瓦坎遗址

特奥蒂瓦坎文化诞生

特奥蒂瓦坎，意为天神降生的地方，是古代墨西哥印第安人的古城遗址，位于墨西哥城东北40千米处的波波卡特佩尔火山和依斯塔西瓦特尔火山谷底之间，面积达20平方千米。

特奥蒂瓦坎，在印第安人纳瓦语中是"创造太阳和月亮神的地方"。

特奥蒂瓦坎文化约形成于公元前500年，1世纪至6世纪发展至鼎盛时期，9世纪时开始衰落。全盛时期，它是全美洲最大的城市，拥有大约12万人口。

特奥蒂瓦坎被誉为众神之都，城中有闻名遐迩的死亡大道、太阳金字塔和月亮金字塔，而这座城市创造的文明，不仅支配着当时的整个王国，还影响了玛雅文明的发展。

通向死亡的大道

死亡大道位于特奥蒂瓦坎的标志性建筑太阳金字塔和月亮金字塔的脚下。

长约2500多米，像一条城市的中线。当年，不知有多少人在

这条路上被祭司送往神殿祭神。"死亡大道"的称呼由此得名。

南北走向的死亡大道和另一条东西走向的大街把整个特奥蒂瓦坎城区分成了4部分，代表统治阶层的祭司和贵族占据了离金字塔最近的地段，远离喧闹的市场。

金字塔里藏着什么秘密

在特奥蒂瓦坎有城市北端的月亮金字塔和南端的太阳金字塔，分别是祭祀月亮神和太阳神的宗教建筑。

太阳金字塔是特奥蒂瓦坎城最大、最早的建筑。那么特奥蒂瓦坎人是否有可能将他们早期首领的遗体保存在太阳金字塔里边？现在还很难发现有力的证据。

几百年来，考古学家们就一直在研究这两座金字塔，希望能从中得到曾经生活在那里的人们的消息。

很多科学家相信太阳金字塔内可能藏有当时统治者的重要遗物，但却一直没能揭示出太阳金字塔到底有何秘密。

2010年8月，考古学家宣布在墨西哥著名的特奥蒂瓦坎金字塔建筑群内发现了一条深12米，长约100多米的隧道，隧道入口位于羽蛇庙的入口处，考古学家认为这里应该曾经是放置当时的统治者的尸体的地方。

特奥蒂瓦坎为何突然衰败

特奥蒂瓦坎约在公元前800年迎来了它最初的定居者，繁荣时拥有居民10万人，它的影响扩展至数百千米以外，成为当时中美洲最繁华的城市。

直至7世纪，不知何种原因，这座古城被放弃了，城中的居民也消失了。

墨西哥的一位考古学家称，特奥蒂瓦坎城的突然衰落可能和当时的政治有关，当时在多提哈罕人内部，可能爆发了一场反对统治者的起义，以至于最后城内居民迁徙别处。

这些问题虽然还没有答案，但考古学家坚信，如果太阳金字塔是一座陵墓，它必定隐藏着巨大的秘密。

在印第安传说中，他们崇拜的第四代太阳不再发光了，为了使地球永见光明，诸神修筑了太阳和月亮金字塔，在两塔之间，熊熊烈火越烧越猛。

神秘的叙利亚古城

古埃伯拉王国古都

1958年，一个叙利亚农民在沙漠中偶然挖掘到一个用灰色玄武岩雕成的狮子和一个刻有图案的盆子，当时人们对这一发现没有给予足够的重视。

直至1964年9月13日，意大利考古学家马蒂埃带领一支考古队来叙利亚考察，发掘工作正式开始。不久，一块玄武石雕刻成的无头男人像被发掘了出来，雕像的两肩之间，刻有阿卡德楔形文字。

有些专家将这些文字译成了现代文："埃伯拉国王伊贝特·利姆，把这尊雕像贡奉给阿斯特尔神殿。"这行字迹令马蒂埃激动万分，挖掘出的各种文物表明，他们找到了古埃伯拉王国古都的遗址。

轰动世界的泥版文书

考古队先是在古都的一个房间内发现了大约15000块泥版文书，随后，又在另外两个房间里找到了大约16000块泥版文书。

数量多得惊人的泥版文书让马蒂埃目瞪口呆，这样大量的泥版文书的发现是史无前例的，它轰动了世界，因为一个早已消亡并沉睡几千年的文明古国的奥秘将可能由此揭开。

泥版文书上写有上千个人名，5000多个地名，其中提到较多的是启什和阿达卜。有一块泥版文书上写有260座古代城市的名

字，这些城市都是历史学家闻所未闻的，另一块泥版文书上写有70种动物的名称。

一些泥版文书上还写有很多指令、税款和纺织品贸易的账目以及买卖契约，由此可以推断，当时埃伯拉王国的工商业相当发达。

泥版文书中蕴含的秘密

由于泥版文书的被认读，一个文明古国的秘密逐渐展示在现代世界的面前。从大量泥版文书中可以知道，在公元前3000年前后的一段时间里，埃伯拉曾是中东最强大的国家，它是以一个城

市为中心，联合附近一些村庄和城镇而形成的，故被学者称为"城邦国家"。

公元前2300年前后，埃伯拉王国达到顶峰，成为拥有近30万人口的大国，仅在中心城市里便居住着约30000多人。为了继续扩张自己的势力范围，控制幼发拉底河流域，埃伯拉频繁地发动战争，侵占邻近的城市。

有一块泥版文书上列举了260座古代城市的名字，有些学者猜测，这260座城市可能曾被埃伯拉的军队征服过。其中有个叫马利的城邦国家，泥版文书中有500多处提到它，明确地记载下了它是如何在埃伯拉强大的军队面前被征服的。

然而，在这以后的数十年间，埃伯拉却在与另一大强国阿卡德的战争中两次败北，埃伯拉城先是被掠夺一空，继而被彻底烧毁。此后埃伯拉虽几经兴衰，却再也没能恢复往日的强盛，至大约公元前1600年左右便在历史上消失了。

我还想知道

誉为"沙漠新娘"的叙利亚古城台德木尔，位于首都大马士革东北方的沙漠中。远眺这一大片绿洲，椰枣树摇曳，石柱、残垣掩映其中，阿拉米人称其为"台德木尔图"，意为"奇迹"。

神秘的马丘比丘城

神秘山丘的来历

1911年7月，美国的探险家海勒姆·宾厄率领耶鲁大学考察队准备考察印加帝国的一个秘密要塞，在考察过程中，发现了马丘比丘这座"空中城市"。

由于无法得知它的原始名字，考古学家便借用了这个遗迹附近的一座山名，称其为"马丘比丘"。其海拔约2300多米，两侧都有高约600多米的悬崖，峭壁下则是日夜奔流的乌鲁班巴河。马丘比丘在1983年，被联合国教科文组织定为世界遗产，是世界上为数不多的文化与自然双重遗产之一。

马丘比丘用途探究

多年来，考古学家对这个神奇的古城产生了众多猜想。

最有说服力的是祭奠神灵。太阳神是印加人最重要的神灵，

选择这样高的位置，为的是和太阳更近一些。现代考古学者推断，马丘比丘并不是普通的城市，而是一个举行各种宗教祭祀典礼的活动中心。考古学家在城中发现的头骨中，绝大多数是女人的，他们推断这些都是为了敬献给太阳神的祭品。

马丘比丘城建筑疑云

马丘比丘城的建筑全用巨石建成，见不到灰浆的痕迹，在那个时代，达到如此工艺水平是一个谜。更重要的是那些巨石，是从哪里用什么方法搬来的呢？

秘鲁科学家认为，印加人并没有在悬崖峭壁上搬运巨石，而是在山巅就地取材。他们在选定的山巅就地采集岩石制作砌块，在山顶开出了一片90000平方米的开阔平地垒筑古城。然后把剩余的石块、碎砾全部扔下了山崖，在山巅留下了这座奇迹般的古城。关于印加古城的悬案和猜想还有很多，等待人们去探索。

我还想知道

有学者认为马丘比丘是"太阳圣女之城"，因为这个城市居民中，妇女比男人多两倍。这些女性因为容貌艳丽，被选为太阳圣女，从全国集中到这儿，过着隐居生活。

巨石神庙是谁建造的

比金字塔还古老的神庙

马耳他共和国的马耳他岛和戈佐岛上有几十处神秘的史前巨石神庙，有"地中海心脏"之称，面积316平方千米，是闻名世界的旅游胜地，被誉为"欧洲的乡村"。

戈佐岛为马耳他群岛的第二大岛。主要城镇维多利亚在该岛中部，巨石神庙废墟位于城东。建于5500年以前的马耳他巨石庙，是世界上时间最长的不需要支撑的石头结构。存在于这里的

史前石头结构，远比埃及的金字塔要古老得多。

在马耳他群岛的岛屿上，以及在马耳他和戈佐岛屿上，都可以看见巨大的岩石结构，这些岩石结构堪称巨石文化中最为复杂，结构最为奇特的古代岩石建筑。该建筑属于纯粹的土著文化，迄今为止，它们没有掺杂一点外部文化。

不可思议的建筑

在马耳他共和国的这些巨石建筑中，最先引起人们注意的是戈佐岛上的吉干提亚神庙。这座神庙经考证建于公元前2500年前，当地人称之为"巨人的杰作"。它面向东南，背朝西北，是用硬质的珊瑚石灰岩巨石建成的。

这座神庙正面高达8米以上，用紧密衔接的石灰石板拼成，

被称为世界建筑史上最早运用拼接技巧建成的杰作。神殿内部使用的是软质石灰岩，有多处精美的装饰，神殿最早只有南庙后部的3个穹顶，后来又增建了两个小穹顶。

最令人难以理解的是，神殿外墙最后部分所用的石材竟然高达6米。在人类还没有发明任何机械的史前时代，这样巨大的石块是怎样运送到工地的，至今还无人能够回答。

坐落在马耳他岛屿上的哈加琴姆神庙也是用巨石建成，是当时建筑技术的极品，也是最复杂的巨石遗迹之一。

考古人员发现，这里很多石头的位置都是精心安排的，似乎有着令人难以理解的宗教意义。其中一块长达660米用做铺路石的大石板，是马耳他群岛所有的神庙中最为巨大，也最令人瞩目的超巨型石块。

在这座巨石神庙中，人们可以看到，在通往神殿门洞内的两侧，有一些用巨大的石块做成的石桌，这些石桌到底是祭台还是柱基，至今仍未定论。在这座神庙中，考古学

家还发现了多尊母神的小石像，有人据此估计这座神庙与当时的母神崇拜有关。

神庙的未解之谜

由于年代久远，塔尔申神庙只有较低的外围墙和地基还基本保持完整。但通过艰难细致的考证，考古学家们终于把这座约建造于5000年前的庙宇的原貌重新拼砌出来。

通过反复考证，考古学家认为，塔尔申神庙的顶盖似乎是用横梁加树枝再覆以黏土或者石灰石造成的。神庙的大厅前有个前院通往庙内，神庙厚厚的外墙嵌有石灰石板。

有关人员发现，石墙上的石头与石头之间没有灰浆粘合，墙顶上砌有石砖及其楣石。那么，马耳他岛上的这些巨石神庙到底是什么人建造？又是如何建造的呢？它们建造的目的和用途又是什么呢？还有待进一步的调查考证。

马耳他群岛上已发现了30座神殿。除杰刚梯亚神殿外，还有5座神殿于1992年被收入为世界文化遗产。其中的哈格尔基姆神殿，因技术更先进，巨石之间吻合得天衣无缝，令人叹为观止。

近代古迹

　　近代古迹是历史发展的缩影和人类进化的见证，通过这些遗迹，我们能够了解祖先一步一步迈向今天的不平凡历程，把握今天，创造更美好的生活。

墨西哥奇琴伊察古城

古人真的将活人献祭吗

奇琴伊察是古希腊罗马时期玛雅人的圣殿，其鼎盛时期大约在公元500年到700年左右，对整个乌松布拉河盆地有着重大的影响。典雅的建筑、高超的技术以及轻巧的浮雕都说明了玛雅人的神话，证明他们是这一文明的天才创造者。

奇琴伊察是古玛雅城市遗址，位于墨西哥尤卡坦州南部。南北长约3000米，东西宽约2000米，有建筑物数百座，是古玛雅文化和托尔特克文化的遗址。奇琴意为井口，天然井为建城

的基础。

尤卡坦半岛没有多少河流，因此，奇琴伊察当地3个终年提供充足水源的溶井让它成为天然的人口聚集中心。其中一个就是具有传奇色彩的"献祭之井"。

信奉雨神恰克的玛雅人把这个井视为圣地，并定期将玉、陶器和熏香等祭品投入圣井中作为对恰克的献祭，在大旱的时候偶尔还会使用活人献祭。

然而，某些人讲述的大量美丽年轻的处女被定期作为祭品抛入井中的可怕故事，还有故事称少男，而非少女，才是圣井的祭品。却并没有在古代文献或是对溶井的考古打捞中得到证实。圣井很久以来就是尤卡坦地区的朝圣地。

35

奇琴伊察文明的独特性

987年，托尔特克族占据了这座城市，并作为他们的首都，玛雅文明因此受到了冲击。在11世纪至12世纪期间，托尔特克族人建筑了非凡的石殿、柱廊和府第，把玛雅文明和托尔特克文明交织在一起，使奇琴伊察城市的发展达到鼎盛。

大约在1224年，奇琴伊察的玛雅勇士赶跑了托尔特克人，重新占据了该城。但不久后该地区也被遗弃了。

1531年，西班牙的征服者弗朗西斯科·德·蒙泰乔宣布对奇琴伊察拥有主权并打算将其作为西班牙尤卡坦的首都，但几个月后当地玛雅人的起义把蒙泰乔逐出了该地。现在，人们所见到的奇琴伊察的大片遗迹，既不全属于玛雅风格，也不是完全的托尔特克风格，而是融合了两种文化思维模式的错综复杂的混合体。

谁建造的羽蛇金字塔

玛雅人最崇拜的是羽蛇神和雨神，耸立在奇琴伊察城中心的一座显要的建筑物就是"羽蛇神"金字塔。所以，奇琴伊察也被玛雅文学家称为羽蛇城。羽蛇金字塔的设计颇为奇特：台阶和阶梯平台的

数目分别代表一年的天数和月数，52块有雕刻图案的石板象征着玛雅日历中52年为一轮回年。

建筑物在春秋两季伊始日落时分，其边墙受阳光照射，光照部分在上面形成一系列的等腰三角形，随着光照角度的变化，这些等腰三角形逐渐由笔直变为波浪形，宛如巨蟒从塔顶向大地游动。如此设计象征着苏醒的羽蛇神正爬出庙宇，是谁建造的呢？

1746年，一名西班牙神父走进墨西哥恰帕斯州的密林。在密林深处，一座古代都市废墟突然出现在神父的眼前。被茂密的树木遮掩的这处玛雅遗迹，最终被命名为帕伦克。

意大利的比萨斜塔

比萨斜塔的建造历史

1173年8月9日，比萨斜塔开始建造设计。原设计为8层，高54.8米，它独特的白色闪光的中世纪风格建筑物，即使后来没有倾斜，也将会是欧洲最值得关注的钟楼之一。

1178年，当钟楼兴建到第四层时发现，由于地基不均匀和土层松软，导致钟楼已经倾斜偏向东南方，工程因此暂停。

1198年，记载了钟楼内撞钟的存在，这标志着钟楼虽然倾

斜，但至少悬挂了一个撞钟，实现了它作为钟楼的初衷。

1231年，建造工程继续，第一次有记载钟楼使用了大理石。建造者采取各种措施修正倾斜，刻意将钟楼上层搭建成反方向的倾斜，以便补偿已经发生的重心偏离。

1278年，进展到第七层的时候，塔身不再呈直线，而是为凹形。工程再次暂停。

1360年，在停滞了差不多一个世纪后，钟楼向完工开始最后一个冲刺，并做了最后一次重要的修正。

1372年，摆放钟的顶层完工。54米高的8层钟楼共有7口钟，但是由于钟楼时刻都有倒塌的危险而没有撞响过。而且一直不断地向下倾斜。

斜塔一开始就是斜的吗

通过对历史档案的研究，一些事实逐渐浮出水面。比萨斜塔

在最初的设计中本应是垂直的建筑，但是在斜塔的建造初期就开始偏离了正确位置。

比萨斜塔之所以会倾斜，是由于它地基下面土层的特殊性造成的。

比萨斜塔下有好几层不同的土层，各种软质粉土的沉淀物和非常软的黏土相间形成，而在深约一米的地方则是地下水层。

这个结论是在对地基土层成分进行观测后得出的。最新的挖掘迹象也表明，比萨斜塔建造在了古代海岸边缘，因此，土质在建造时便已经沙化和下沉。

根据现有的文字记载，比萨斜塔在几个世纪以来的倾斜是缓慢的，它和它地基下方的土层实际上达到了某种程度上的平衡。在建造的第一阶段第三层结束时，就已经开始倾斜了，但由于倾斜角度不大，因此人们也没有对斜塔进行特意的维修。

比萨斜塔屹立不倒之谜

专家们认为，一个立着的物体，只有当那条从它重心引垂下来的竖直线没有越过它的底面的时候，才会倒下，但是，假如它的底面很宽，从它的重心引垂下来的竖垂线能够在它底面中间通过的话，那么这个圆柱体就不会倒下了。当然，意大利政府对比萨斜塔塔体的修正，以及对斜塔地基的巩固也起到了很大的作用。因此，比萨斜塔成为世上有名的"斜而不倒"的奇迹之一。

荷兰老教堂斜塔是一座哥特式教堂的钟楼，斜塔为砖砌而成，建于1246年，作为圣巴塞缪斯大教堂的钟楼，塔内有重达9吨的古钟。由于钟楼是在运河河床附近建设，从而导致倾斜。

我还想知道

婆罗浮屠佛塔

婆罗浮屠塔为何被遗弃

印度尼西亚的婆罗浮屠佛塔建于8世纪，建造过程估计历时75年，于835年竣工，素有"印尼金字塔"之称。

8世纪前的爪哇，强盛的夏连特王朝的统治者皈依大乘佛教。他们使用当时最先进的技术，建造了这座设计精良的石头佛塔。婆罗浮屠塔意思是"山丘上的寺院"，佛塔由附近河流中的安山岩和玄武岩砌成，建筑采用大乘和密宗教义的结合形式，整个建筑物犹如一个巨大的坛场。 然而，这个杰作寿命却异常短暂。这个在爪哇中部还建有其他杰作的夏连特王朝却在10世纪废弃了这座佛塔，任其悄然崩塌，被丛林蚕食。

为什么婆罗浮屠塔被遗弃了呢？始终是一个未解之谜。不过

有一种说法是：1006年，发生在此地的默拉皮火山喷发和地震，使这个著名的建筑荒废了800多年。

浮屠的浮沉命运

1814年，当地副总督赖菲尔斯听说爪哇中部一座小丘上满布石刻佛像，便派遣英军工程师科尼利厄斯前往寻找。

科尼利厄斯来到那座毫不起眼的小山丘上，只看到灌木丛和怪石，不禁满腹狐疑，但他还是遵照副总督的命令，吩咐手下动手发掘。他们在酷热的丛林中艰苦发掘了两个月，连根拔掉数以吨计的树木，运走一车又一车泥土，依旧一无所获。

后来，有个工人发现了一尊雕工精细的石刻佛像，于是众人精神大振，继续努力，终于掘出一座浮屠，远比传说中的雄伟壮丽，令人叹为观止。

1960年，印度尼西亚政府呼吁国际社会支持佛塔的大修。1973年联合国教科文组织和印度尼西亚政府通过一项修复计划，并于1975年至1982年执行了一次彻底的修复工程。此次修复加固了地基，清理了1460片石板，分解并重新组装塔身的5层方台，以及通过埋设管道改进排水系统，修复工程还加设了防渗透层和过滤层。这项庞大的工程雇佣了大约600人，总共花费690万美元。

我还想知道

婆罗浮屠塔与我国的长城、埃及的金字塔和柬埔寨的吴哥窟并称为"古代东方四大奇迹"。1885年，人们在塔基的下面发现了一个隐藏的部分，这部分隐藏的塔基里刻有浮雕。

英国古城堡伦敦塔

伦敦塔的历史

伦敦塔是由威廉一世为镇压当地人和保卫伦敦城，于1087年开始动工兴建的，历时20年。

13世纪时，后人在其外围增建了13座塔楼，形成一圈环拱的卫城，塔里面还有天文台、监狱、教堂、刑场、动物园和小码头等小建筑。

伦敦塔最重要、最古老的建筑是位于要塞中心的诺曼底塔楼，它是整个建筑群的主体，因其是用乳白色的石块建成，史称白塔。白塔系主人居住与守备部队进驻之所，在某种程度上象征着征服者威廉日益巩固和扩大的权力。伦敦塔在英国王宫中的意义非常重大，作为一个防卫森严的堡垒和宫殿，英国数代国王都在此居住，国王加冕前住伦敦塔便成了一种惯例。

伦敦塔还是一座著名的监狱，英国历史上不少王公贵族和政界名人都曾被关押在这里。

后来这里成为宫廷阴谋和王室斗争的地方。英王爱德华四世的两个幼子，爱德华之前的国王及堂兄与弟弟，亨利八世的两个

王后，先后被囚禁在这里并被处死。在一段时间里，伦敦塔成为令人毛骨悚然的"死狱"。

塔内闹鬼之谜

伦敦塔这座古堡弥漫着浓重的血腥气，长久以来，一直有传闻说这里是鬼魂出没的地方。

伦敦塔内最有名的鬼魂，也是塔内第一个显赫的受难者，亨利八世的第二位妻子安妮·博林。她由于被控犯有叛国罪和通奸的罪名，1536年5月19日，她在塔内被斩首。

临死前，她的丈夫英王亨利八世满足了她最后的一个愿望，

46

即用剑而不是斧头行刑，为此亨利专门从法国加莱物色了剑客充当刽子手。在她死后不久，就有人声称看到她的鬼魂穿着白袍在塔内和回廊上游荡。

另一个有名的鬼魂是马格利特女伯爵，1541年5月28日，年近七旬的老公主被押上了刑场，但她秉性刚烈，决不肯跪伏在断头台上，不仅如此，刽子手刚刚向她走来，她竟然撒腿就跑，但很快被刽子手一顿乱砍，顷刻殒命。于是每年的5月28日，塔内的看守都说可以听到垂死女伯爵痛苦的呻吟声。

许多个夜晚，塔内的守卫报告曾在城堡西南方的"血塔"附近，看到过两个身着睡衣的小孩子的身影，更为奇怪的是他们还手牵着手。这正好印证了1483年英王爱德华四世去世后，他的两个儿子被送到塔里等待继承王位。

可是最后他们却在塔内神秘失踪，而他们的舅舅理查成了英国国王。直至1674年，工人在整修塔内阶梯时从石缝中发现两具小孩的遗骸，几乎可以确定正是当年失踪的两位小王子。

塔里真的有鬼吗

英国的科学家们不肯承认真的有鬼魂，2003年，赫特福德郡大学的学者们携带最先进的物理电磁感应仪器对伦敦塔内据说诸多鬼魂频繁出没的地区进行了调查。

虽然调查并没有真的捉到鬼魂的踪迹，但也发现了不少有价值的证据。

首先，塔内某些地点磁场异常强烈，另外某些地点建筑格局造成了气流通过时速度较高，而且会发出空气在穴中的啸叫，此

外，光线的昏暗客观上可能对游客产生了心理暗示的作用。

于是科学家们得出结论：闹鬼事件都是环境造成的，所谓鬼魂不过是人大脑对现象的解读，鬼魂现象应该说是磁场、寒冷的气流、昏暗或变幻的光线等造成的。

大多数学者倾向于这种解释，虽然鬼魂的目击报告不断，但还从未有人拿出过鬼魂的影像资料作为证据。

伦敦塔内的鬼魂究竟是真是假？也许，伦敦塔这座高耸的

古堡中封存的不仅仅是英国古老的王族历史，还有科学家们至今也没能洞察的谜题。

我还想知道

伦敦塔的历史已近千年，它的作用却不断地在变化：城堡、王宫、宝库、火药库、铸币厂、监狱、动物园直至现在伦敦观光区。伦敦塔是宝藏丰富的博物馆和最富魅力的古建筑旅游景点之一。

法国瑰宝罗浮宫

罗浮宫的历史

罗浮宫始建于1204年，历经800多年的扩建和重修才达到今天的规模。它的整体建筑呈"U"形，位于法国巴黎市中心的塞纳河北岸，是法国历史最悠久的王宫，这里曾经住过50位法国国王和王后。

罗浮宫内用来展示珍品的数百个宽敞的大厅富丽堂皇，大厅的四壁及顶部都有精美的壁画及精致的浮雕，令人叹为观止。罗

浮宫艺术馆中的古希腊与古罗马艺术馆建成的时间最早，大约在1800年开始对外开放，而且藏品最多，以法国王室的收藏品为基础，大约有7000多件。

如今，博物馆收藏目录上记载的艺术品数量已达40多万件，分为许多的门类品种，有古代埃及、希腊、罗马的艺术品以及东方各国的艺术品，还有数量惊人的王室珍玩以及绘画精品等。

断臂维纳斯之谜

"断臂的维纳斯"是罗浮宫的三大瑰宝之一，维纳斯雕像原本有没有手臂？雕像上的手臂去哪了？这成为人们一直以来争议的话题。

直至有人发现19世纪法国舰长杜蒙·居维尔的回忆录，才解开了维纳斯断臂这个100多年来的谜。

　　维纳斯是希腊米洛农民伊奥尔科斯1820年春天刨地时掘获的。

　　出土时维纳斯右臂下垂，手抚衣襟，左臂伸过头，握着一个苹果。当时的法国驻米洛领事路易斯·布勒斯特是一位希腊艺术的爱好者，当他看过雕像后，第一个断定这就是维纳斯的雕像。他表示要以高价购买此塑像，并获得应允。

　　但由于手头没有足够的现钱，只好派居维尔连夜赶往君士坦丁堡报告法国大使。大使听完汇报后，立即命令秘书带了一笔巨款随居维尔连夜前往米洛洽购女神像。

　　不料岛上的长老出于本岛的利益而中途插手，开会决议

命农夫将雕像卖给在土耳其任职的一位希腊大官，当法国人赶到岛上时已经是雕像装船的关头了，居维尔当即决定以武力抢夺。

英国得知这一消息之后，也派舰艇赶来争夺，双方展开了一场激烈的战斗，混战中雕塑的双臂不幸被砸断。从此，维纳斯就成了一位断臂女神。

我还想知道

据统计，目前罗浮宫宫殿共收藏有40多万件来自世界各国的艺术珍品。法国人将这些艺术珍品根据其来源地和种类分别在六大展馆中展出，其中绘画馆展品最多，占地面积最大。

闹鬼的凡尔赛宫

凡尔赛宫的历史

凡尔赛宫建于路易十四时代，1661年动土，1689年竣工。位于法国巴黎西南郊外伊夫林省省会凡尔赛镇，作为法兰西宫廷长达107年。1979年，被列为《世界文化遗产名录》。

凡尔赛宫在历史上一度曾是法国政治、文化中心，在大革命后变得默默无闻了，至19世纪下半叶，它又成为全世界瞩目的政治中心。

1870年，普鲁士军队占领凡尔赛，第二年德皇在此举行加冕

典礼。同年，梯也尔政府盘踞在凡尔赛宫，策划了镇压巴黎公社的血腥计划。此外，1873年，美国独立战争后，英美在此签订了《巴黎和约》。

1919年6月28日，在镜廊里法国及英美等国同德国签订了《凡尔赛和约》，第一次世界大战宣告结束。

今日的凡尔赛宫已是举世闻名的游览胜地，世界各地游人络绎不绝，参观人数每年达200多万，仅次于巴黎市中心的埃菲尔铁塔。

南北宫和正宫底层自路易·菲利浦起改为博物馆，收藏着大量珍贵的肖像画、雕塑、巨幅历史画以及其他艺术珍品。1937年，凡尔赛宫作为历史博物馆对公众开放。

离奇偶遇18世纪王后

1901年夏天，英国教师莫伯利和乔丹来到巴黎旅游。作为旅行的一部分，莫伯利和乔丹决定前去参观凡尔赛宫。途中，她俩经过了大特里亚农宫，发现大特里亚农宫已对公众关闭。她们进入了地图上没有标注过的小道，莫伯利看见一个妇女在窗边挥舞着一条白色的小布巾，乔丹则看到了一座荒弃已久的农舍。

渐渐地，两人感到有些莫名的担忧，就加速前行。不一会儿，她们碰到了宫廷园丁，园丁告诉她们笔直走就行。走着走着，乔丹看到了一幢小别墅，门口站着一个妇女和一个女孩，她们身着18世纪的服装，妇女正递水壶给女孩。

但令人吃惊的是眼前的这两个人竟然是静止不动的。乔丹

后来回忆道："她们就像杜莎夫人蜡像馆里的蜡像一般。"莫伯利没有注意到小别墅，却发现气氛有点不对头，"每样东西看起来都不正常，使人感到恐惧。"

在前行的路上，她们又遇到了一个举止优雅的男士，这位男士告诉了她们通往小特里亚农宫的道路。穿过一座小桥后，她们到达了宫殿前的花园。莫伯利看见了正在草地上画素描的，18世纪末法国国王路易十六的王后玛丽·安托瓦内特。

莫伯利说，安托瓦内特王后看着她们，使她们不得不走。随后，莫伯利和乔丹进入了小特里亚农宫，不知怎么回事，一切忽然又恢复了正常，她们碰到了其他一些旅行者。

　　离开巴黎后，莫伯利和乔丹在一周内都未提起过这件怪事。直至心态平静下来，莫伯利问乔丹是否也觉得小特里亚农宫附近闹鬼，乔丹回答有同样的感觉。两人对比了各自的回忆，决定分开写出当天的所见所闻，结果如同一辙。

　　后来，莫伯利和乔丹又多次参观凡尔赛宫，但都没有找到她们曾经走过的那条小道，她们经过的那些小别墅、亭子和小桥都突然消失了。她俩起初觉得会不会是有人在组织化妆聚会，但是查遍了当天所有的凡尔赛宫登记都没有发现搞过此类活动。

凡尔赛宫真的有鬼吗

　　很多年，西方各国研究人员数十次调查这两位英国教师的背景，她们既没有撒谎的前科，而且还是令人尊敬的人物，不可能编造故事，在她们身上一定发生过什么事情，一直对"莫伯

利·乔丹事件"却始终无法给出合理的解释。

　　1912年，一本18世纪的凡尔赛宫地图被发现，上面清楚地标注了莫伯利和乔丹所走过的小桥的方位，这条小桥从未在任何旅行指南上出现过。一些学者开始相信在莫伯利和乔丹身上发生过某些奇怪的事情。莫伯利和乔丹后来都于1937年去世，她们在凡尔赛宫的经历成了20世纪的未解之谜。

　　凡尔赛宫确实存在着一些建筑方面的问题，由于追求宏大奢华使得居住功能极不方便。宫中没有一处厕所或盥洗设备，连王太子都不得不在卧室的壁炉内方便。

我还想知道

中国的万里长城

长城的两端在哪里

我国的长城是世界上最长的人工建筑，为世界"七大奇迹"之一。长城修筑的历史可上溯至西周时期，周王朝为了防御北方游牧民族的袭击，筑城堡以防御。春秋战国时期列国诸侯争霸，根据各自的防御需要，在自己的边境上修筑起长城。

我国的长城号称万里，实是当之无愧，并无疑义，但长城的两端到底在什么地方却有着不同的说法。因为长城的修筑前后历经2000多年，很多长城并不是绵延不绝连在一起，以及早期修筑的颇多损坏，以致对长城两端所在地的认识出现了不同的意见。

第一种说法：据《史记·蒙恬列传》记载，长城的两端是临洮和辽东。可惜的是经过时间的侵蚀，很难再看到西起临洮的这一段长城是否存在过。有关专家曾在这里找到了很多秦代遗物，不过这一带本来就是秦朝活动区域，找到一些秦遗物并不能说明问题。

第二种说法：万里长城东端到辽东，西端为现在新疆罗布泊地区，此种说法是基于汉代所修筑的长城之上的。汉武帝时国力空前强盛，于是汉王朝不再唯唯诺诺，而是主动出击。经过一系列战争，打通了甘肃经河西走廊到新疆罗布泊的交通要道，还4次大规模修筑长城。

第三种说法：长城分别是东至山海关，西至甘肃的嘉峪关。这两座雄关修建得气势磅礴，至今保存完好，又经过多次修复，

一东一西相互对峙，所以被认为是万里长城的两端。万里长城的两端到底在什么地方，以什么时候的为标准来定，众说纷纭，至今尚无定论。

长城千年不倒之谜

长城整个布局有主干，有分支，沿线设立许多障、堡、敌台、烽火台等不同等级、不同形式和不同功能的建筑物，构成了一个完整的防御体系。

城墙是联系雄关、隘口、敌台等的纽带，墙身是防御敌人的主体，墙基平均宽约6.5米，顶部宽5.8米，断面上小下大成梯形，使墙体稳定不易倒塌。墙身由外檐墙和内檐墙构成，内填泥土碎石。

外檐墙是指外皮墙向城外的一面。构筑时有明显的收分，能

增加墙体下部的宽度，增强墙身的稳定度，加强它的防御性能，而且使外墙雄伟壮观。

内檐墙是指外皮墙城内的一面，构筑时一般没有明显的收分，构筑成垂直的墙体，关于外檐墙的厚度，一般是以垛口处的墙体厚度为准，这里的厚度一般为一砖半宽，根据收分的比例，越往下越厚。砖的砌筑方法以扁砌为主。因此，长城能够历经千年的风霜雨打，依然屹立不倒。

我还想知道

　　长城是我国古代劳动人民创造的伟大的奇迹，是我国悠久历史的见证。它与天安门，兵马俑一起被世人视为中国的象征。长城于1987年12月被列为世界文化遗产。

疑云重重的秦始皇陵

秦始皇是我国古代的第一位封建皇帝，是一位对后世影响很深的历史人物。他自13岁即位起就开始为自己在骊山修建陵墓，统一六国后，又从各地征集了70多万人继续修建，直至他50岁死去，共修了37年。

考古学家们对始皇陵做了多次大规模的考古发掘和调查，但整个秦始皇陵依然充满了秘密。深埋地下的秦始皇陵保持得怎么样？它真的早在秦朝灭亡之时就遭逢浩劫，被项羽焚毁了吗？秦始皇陵墓里的刀剑是当时工匠铸造的吗？

青铜刀剑是当时工匠铸造的吗

兵马俑坑里面发现了兵器达到10万多件了，兵器的种类如戈、矛、剑等很多，这些基本上都是青铜的，铸造成型然后加以细加工形成的。

秦俑坑出土的青铜剑非常锋利，它的刃部是经过打磨抛光的，打磨的痕迹纹是平行的，一条一条平行的，没有交错，打磨痕都是平的，如果用手来打磨的话一定有错纹。

很多专家得出一个结论，在打磨的时候借助了一定的机械。一定有简单的车床，这是金属加工史上一个非常重要的问题。

兵马俑里有大量三棱型的箭头，而且，任意两个箭头的三棱的三边等长最大的误差0.55毫米，最小的误差0.02毫米，这样精细程度令人惊叹。

另外秦俑坑出土的很多青铜铍和短剑一样，上面有花纹，这个花纹不是刻上去的，是和金属融在一起的，呈云头状或者火焰状，这是什么工艺，至现在还没有比较认可的结论。

还有青铜剑埋在地下2000多年为什么没有生锈，拿起来还闪闪发光？专家也做了各种各样的测试，直至现在没有得出令人信服的结论。秦俑在科学技术上有很多谜团值得进一步的探讨。

兵马俑是秦始皇的陪葬吗

兵马俑一直被认定是秦始皇陵的陪葬，几乎成为一种公论。

但近些年来，有学者却对这一公论提出了质疑，认为兵马俑的主人根本不是秦始皇。那么兵马俑的主人到底是不是秦始皇呢？如果不是秦始皇又是谁呢？

秦始皇陵的内城、外城及封土等都是死后的工程。而且，骊山上洪水严重，几乎每隔3年就会下一场暴雨，开挖的地宫也不可能不顾积水而在秦始皇死前的几十年前就开始预修。

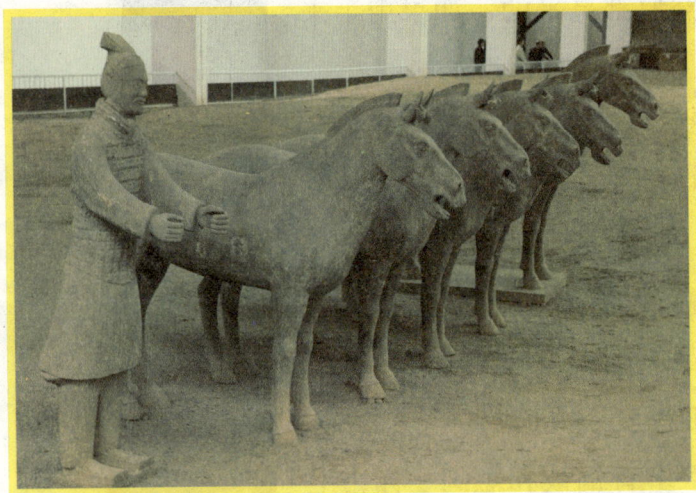

历史上，秦始皇曾经下令将陵墓向外扩展"300丈"，但秦时的"300丈"只有690米，所以在秦始皇陵封土之东近2000米的兵马俑，不可能被包括在这一个"300丈"的界址之中，因而也不可能成为秦始皇陵的一个组成部分。

既然秦始皇陵不在骊山，那么位于骊山脚下的兵马俑又是谁的呢？有专家认为兵马俑其实是秦始皇的高祖母秦宣太后的。根据史料记载，秦宣太后陵墓就在秦始皇陵的东侧偏南，距骊山山脚约1000米处的西杨村、下和村一带，也就是人们现在所熟知的秦俑坑附近。

此外，在兵马俑的身上也发现了一些奇怪之处：一些兵俑的头顶，梳有苗裔楚人特有的偏于一侧的歪髻；秦俑所着衣服，非

常鲜艳，与秦王朝的尚黑制度，有显著差别。

如果兵马俑真是秦宣太后的陪葬，那么哪里是宣太后的陵墓呢？那秦始皇的陵墓究竟在哪呢？秦始皇陵和兵马俑的研究还在深入探讨。

秦始皇地宫被焚毁了吗

许多史籍中都记载，秦末农民起义摧毁秦帝国后，西楚霸王项羽占据着秦都。他命人掘开了秦始皇的陵墓，盗运陵中的财宝。他调集了30万人从地宫中向外运了30天也没运完。当时，寻找羊只的牧羊人用火点燃了皇陵地宫，秦始皇陵在熊熊的大火中毁于一旦。

这种说法历来为史学家所接受。可是，在经历了2000多年的风风雨雨之后，在20世纪70年代，震惊世界的古代军阵秦兵马俑出土问世，接着又是令世人为之叹服的精美铜马车回到人间，这一连串重大的考古发现，引起了历史学家和考古工作者的怀疑：秦始皇陵真的被毁掉了吗？

一些科学家利用汞量技术测出了秦始皇陵地宫位置的中心的汞含量，超过正常土层含汞量的280倍。而有这种现象的土层分布面积达12000多平方米。

科学家们认定：这种汞含量异常的现象是人工灌注水银，造成水银蒸发，经过漫长的岁月积聚的结果。而在《史记》中确实记录了秦始皇墓中"以水银为百川江河大海"的情况，这和现在的发现正好吻合。

据此，史学家们推测：如果当年项羽真的烧了秦始皇陵的地下宫殿，那么，汞早就挥发干净了，现在的这种汞异常现象也就不会出现。这也像是在给后人传递着这种信息：秦始皇陵墓可能仍然完好无损地沉睡在地下。

但是，今天也有一些专家对上面的希望抱有怀疑。他们认为：不能轻易地下结论认定秦陵地宫保存完好。汞异常现象和其他可疑现象有可能是墓中其他物质的理化反应造成的。

看来，真正揭开谜底，只能等待秦始皇陵被打开的那一天。

我还想知道

秦始皇兵马俑博物馆上是我国最大的古代军事博物馆。1987年，秦始皇陵及兵马俑坑被联合国教科文组织批准列入《世界遗产名录》，并被誉为"世界第八大奇迹"。

大雁塔和小雁塔

大小雁塔的来历

西安市的大小雁塔是我国保存较好的唐代古塔，不但在我国，在世界上也颇有名气。大雁塔位于西安大慈恩寺内，是我国佛教名塔之一。唐王朝为了请当时闻名遐迩的玄奘法师担任大慈恩寺的主持，特令在寺内修了翻经院。652年，玄奘上表，请求在慈恩寺内建塔以保存从印度带回的佛经和佛像，朝廷欣然同意。小雁塔坐落在西安荐福寺内，是一座典型的密檐式佛塔。小雁塔建于707年，共15级，约45米高。

唐代名僧义净于671年由洛阳出发，经广州取海道到达印度，经历30余个国家，历时25年回国，带回梵文经书400多部。

706年，义净在荐福寺

翻译佛经56部，撰著《大唐西域求法高僧传》一书，对研究中印文化交流史有很高的价值。现在荐福寺内仅存有建于唐景龙元年的小雁塔。

大雁塔竟是个不倒翁

游客到大雁塔细心观察的话，会发现大雁塔竟然是斜的。至今实际测量后，会得出塔身向西的偏离程度竟达至1.0064米。这是怎么回事呢？难道大雁塔成为比萨斜塔了吗？

据史料记载，早在1719年就发现大雁塔有倾斜的现象了，1985年已达到0.998米，现在更达到1米多一点。虽然说："古塔十有九斜"，但这种倾斜毕竟让人担心大雁塔会因此倒塌。为何大雁塔经历了几千年的风雨，依然保存完好呢？原来，在设计建筑这塔时，地基是椭圆形，就像不倒翁的底部，原理跟不倒翁是一样，无论风往哪边吹，塔身会做相应的摇摆，但就是不会倒。后来由于开采地下水过多，导致了大雁塔周边的地质结构发生了变化，大雁

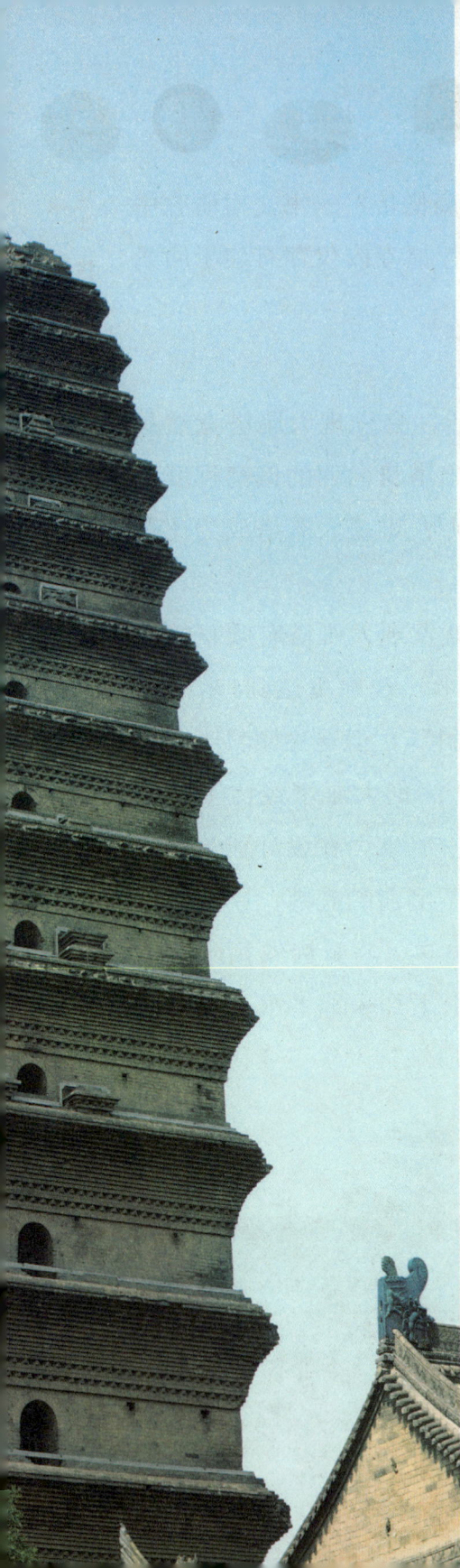

塔出现了倒塌的危险，为了拯救大雁塔，政府又开始往塔身周围的地下重新注入水分，让大雁塔又直立起来。所以看到的塔身会有潮湿的现象。

小雁塔裂缝竟能自动愈合

1556年12月12日，陕西省华县发生了8级大地震，西安距震中仅80千米，有3／10的居民死于地震，房屋与地面建筑大部分遭到毁灭性的破坏，尤其是高大的建筑物更是所剩无几。整个西安城，瓦砾废墟比比皆是。而小雁塔却赫然矗立着，令人惊异不已！在此之前，1487年的一次破坏性地震中，小雁塔从顶到底裂为两半，裂缝宽达0.3米。

1521年的一次地震中，这偌大的裂缝竟在一夜之间弥合了，外观完整如故。此后，小雁塔又多次裂而复合，合而又裂。至民国年间，小雁塔在一次地震中第四次裂开。

直至1965年，国家拨款进行维修，并用钢箍加固了塔身，小雁塔反复裂合的历史方告结束。

小雁塔建成1300多年以来，总共经受了70多次地震，不仅塔身严重裂开，塔顶也受震坍落，原为15层，高43米，现剩13层，高43.3米，却一直岿然屹立。

尤其它的"四裂三合"，为旷古罕见。古人因不知道这是为什么，便认为塔是神人所造，能昭示世运盛衰，预兆吉凶。

原来，小雁塔的反复裂合都有其特定的规律，即多是大震裂、小震合。值得庆幸的是小雁塔裂开后，下一次地震正巧是小震，小震水平推力不大，不足以将塔推倒。相反，由于分为两半的塔身重心仍偏向塔中，所以轻微的震动反使它向中间聚拢，由裂变合，而一旦合拢后，当然也就多少增强了其内联系，提高了抗震能力，以致"四裂三合"。

我还想知道

大雁塔的塔顶，刻有圣洁的莲花藻井，中央为一硕大莲花，花瓣上共有14个字，连环为诗句，可有数种念法。壁上玄奘所著《大唐西域记》中，向人们解释了最可信的雁塔由来之论说。

天地奇观

　　名胜古迹有的占自然之利峰峦叠起、蔚为壮观，有的以人工制作巧夺天工，威严高耸。这些天地奇观充分表现了古人的智慧和创造精神，令人叹为观止。

撒哈拉沙漠壁画

撒哈拉壁画的发现

撒哈拉壁画位于阿尔及利亚境内撒哈拉沙漠中一个名叫塔西里的荒凉高原上，故又名塔西里壁画。从已能确定年代的岩画和岩雕来看，撒哈拉地区最古老的作品已有12000年以上的历史，而南部非洲最古老的作品则有 28000年的历史。而在遥远的古代，这里曾有过丰富的水源，茂密的森林和广阔的牧场。

　　然而，很长时间以来，这里早已是河流干涸，荒无人烟，空留下河流侵蚀而成的无数溪谷和一座座杂乱无章耸立着的锯齿状小山，以及巨大的蘑菇状石柱。

　　20世纪初，法国殖民军的科尔提埃大尉和布雷南中尉等几名军官，在阿尔及利亚阿尔及尔南部5000米处一个尚未被征服的地区巡查时，偶然地发现了这些不为人知的壁画，他们感到十分好奇。

　　1933年，布雷南率领一个骆驼小分队侦察塔西里高原时，接二连三地发现了几幅壁画，内容有猎人、车夫、大象、牛群以及宗教仪式和家庭生活的场面。布雷南花了大量时间用速写描下了这些壁画。

当布雷南将这些速写画拿给法国的考古学家和地理学家们观看时，他们都感到非常兴奋。因为这无疑将证明，撒哈拉大沙漠绝非像人们所想象的那样，一直是荒无人烟的，那里曾有过水源，有过牧场。

撒哈拉壁画疑云

1955年，洛特得到法国一些科研机构和政府部门的支持与资助，组建了一支考察队。

1957年，洛特把复制的1500平方米的壁画带回巴黎，这些都是迄今所发现的史前最伟大的艺术的临摹抄本。

随即，在罗浮宫展出，塔西里壁画令游客流连忘返。来到塔西里观光的游客，环顾一望无垠的大漠，不能不发出这样的奇想：茫茫大漠中还会有神秘的岩画和不为人知的宝藏吗？

是谁在什么年代创造出这些硕大无比、气势磅礴的壁画群？刻制巨画又为了什么？尤其令人不解的是在恩阿哲尔高原丁塔塞里夫特曾发现一幅壁画，画中人都戴着奇特的头盔，其外形很像现代宇航员头盔。为什么头上要找个圆圆的头盔？这些画中人为什么穿着那么厚重笨拙的服饰？

美国宇航局通过对日本陶古的研究，竟意外地披露了一点撒哈拉壁画的天机。

日本陶古是在日本发现的一种陶制小人雕像。这些陶古曾被许多历史学家认定为古代日本妇女的雕像。可是经过美国宇航局科研人员鉴定，认为这些陶古是一些穿着宇航服的宇航员。这些宇航服不但有呼吸过滤器，而且有由于充气而膨胀起来的裤子。

假若日本陶古真的是宇航员，那么，撒哈拉壁画中那些穿着宇航服的宇航员到底来自哪里呢？他们是当地的土著，还是来自外星球的天外来客？若是外星人，他们到撒哈拉沙漠来干什么？是传播文明吗？这一切都还是一个谜。

在非洲北部的大量国家，都发现了大量石器时代的岩画和岩雕。这些非洲史前艺术珍品具有独特的魅力，表明了非洲古代居民具有高度的创造力和丰富的想象力。

我还想知道

英格兰巨石阵

神秘的英格兰巨石阵

在英国伦敦西南100多千米的索尔兹伯里平原上，一些巍峨巨石呈环形屹立在绿色的旷野间，这就是英伦三岛最著名、最神秘的史前遗迹——巨石阵。

巨石阵占地大约11公顷，主要是由许多整块的蓝砂岩组成，每块约重50吨。这些石柱排成圆形，最高的石柱高达10米，不少横架在两根竖直的石柱上。

自从巨石阵被发现以来，人们对它的出现一直在猜测。这么巨大的石头究竟是怎么搭建起来的呢？这成为长久无法破解的一大谜团。

巨石阵建造之谜

巨石阵是人类早期留下来的神秘遗迹之一，科学家经过多次详细的考察之后，已经大概估计出它建造的年代和建造过程：巨石阵可能最早在四五千年以前开始动工，整个工程前后进行了数百年，才成为现今的格局。据估计，建筑巨石阵总共花了3000万个小时的人工，相当于10000人工作一年。

巨石阵的5座石碑坊里侧布置了许多蓝砂岩石柱，其中蓝砂岩的石柱残存到了今天。巨石阵的主要材料是蓝砂岩，小的有5吨，大的重达50吨。但在索尔兹伯里地区的山脉中并没有蓝砂岩，最后，考古学家在南威尔士普利赛力山脉中发现了蓝砂岩。

科学家虽然知道原始石阵的石头是来自威尔士，可是没有人知道，古代的威尔士人是如何把这些几十吨重的巨石运到上千米之外索尔兹伯里平原建造这座巨石阵的。

曾经有40名科研人员做了一项试验，试图完全依靠几千年前古代人掌握的工具和方法，把一块只有3吨重的岩石从威尔士运到巨石阵的所在地。可是在他们费了九牛二虎之力以后，这块巨石最终还是沉入了18米深的泥潭里。

一些科学家认为，这些巨石可能根本不是人力搬来的，而是由曾经覆盖地球表面的冰川带来的。但这也仅仅是一种猜测而已，巨石阵这道难题的确切答案谁也说不出来。

巨石阵建造目的之谜

巨石阵也叫圆形石林，位于距离伦敦大约130千米的一个叫

索尔兹伯里的地方，那里的几十块巨石形成一个大圆圈，其中一些石块有6米之高。据估计，这个巨石阵已经在这个荒原上矗立几千年了，它到底是用来做什么的呢？

一些科学家认为，巨石阵是早期英国部落或宗教组织举行仪式的中心。还有一些专家认为，那里是观察天文的地方，很可能在季节变化之际在那里举行各种各样的活动。可是，没有人能确切知道当初建造它的目的到底是什么。

我还想知道

1130年，英国的一位神父在一次外出时，偶然发现了巨石阵，从此这座由巨大的石头构成的奇特古迹，开始引起了人们的注意。在英国人的心目中，这是一个神圣的地方。

狮身人面像

狮身人面像的传说

据考古学家研究，狮身人面像是在大约公元前2500年，处于古王国时代第四王朝的埃及法老海夫拉统治时期修建的。这个国王的陵墓内部虽然比其父胡夫的金字塔逊色，却以其外部分布有致的建筑群而略胜一筹。

据说，海夫拉巡视墓碑时，为没有一个体现其法老威仪的标志而不满，一位石匠投其所好，建议利用工地上一块2000吨重的巨石雕一座象征法老的威严与智慧的石像，遂有了驰名世界的斯芬克司狮身人面像。

在古代的神话中，狮身人面像是巨人与妖蛇所生的怪物：人的头、狮子的躯体，带着翅膀，名叫斯芬克司。斯芬克司生性残酷，他从智慧女神缪斯那里学到了许多谜语，常常守在大路口。

84

每一个行人要想通过，必须猜谜，猜错了，就要被它吃掉，蒙难者不计其数。

有一次，一位国王的儿子被斯芬克司吃掉了，国王愤怒极了，发出悬赏："谁能把他制服，就给他王位！"

有一位名叫狄浦斯的青年，应国王的征召前去报仇。

他来到了斯芬克司把守的路口。斯芬克司拿出一个最难的给他猜："有一种东西，早晨用4条腿走路，中午用两条腿走路，晚上用3条腿走路，这是什么？"

"这是人。"聪明的狄浦斯很快地猜了出来。狄浦斯胜利了，他揭开了谜底，于是斯芬克司只好用自杀去赎回自己的罪孽。

科学家和地质学家研究了狮身人面像的年代后，认为其存在年代比海夫拉时代可能要早。而且，狮身人面像和同年代凿造的建筑物相比，其侵蚀程度也要比后者严重得多。

狮身人面像比金字塔还要古老

狮身人面像是刻在石灰石床岸上的，所以它坐落在一个壕沟里。壕沟的四壁给地质学家提供了令人感兴趣，又不确凿的证据。它们被水严重侵蚀的事实，表明这个壕沟是在公元前5000年前开凿的，因为历史上这一地区的降雨量，只有那时是最高的。

同时，地质学家还进行了超声波穿透岩石的地震研究，使科学家们了解到了岩石受风化和侵蚀的程度，从而知道岩石暴露在暴风雨中的时间有多长。

研究揭示，狮身人面像的尾部是在海夫拉统治时期刻在石床上的，它的年龄只有巨像前面及两边的壕沟年龄的一半。也就是说，海夫拉只是对已经有几千年历史的狮身人面像进行了整修，并纳入他的墓群之中。

这一结论令考古学家大吃一惊，因为这说明了狮身人面像的头部在海夫拉出世时就屹立在那里几千年了，显然，这与他们所持的观点是相矛盾的。

狮身人面像难解之谜

1991年10月22日，地质学家在圣迭戈举行的美国地质学年会上提交了他们的研究结果，认为巨像的实际修建年代在公元前7000年至公元前5000年之间。

针对这一观点，考古学家争辩说：就他们所掌握的知识来看，在海夫拉统治埃及以前的几千年间，生活在该地区的人根本不可能掌握建造这一建筑物的技术，甚至没有这种愿望。显然，地质学家的结论与考古学家和埃及学家对埃及了解的一切情况都是背道而驰的。

考古学家们坚持说，狮身人面像的修建技术比已确定年代的其他建筑物的技术要先进得多，因此，将狮身人面像建筑年代再提前几千年是不可思议的，也是不可能的。除非修建这一建筑的不应是当时的埃及人，而是另一群高级智慧生物。

狮身人面像到底是地球人建的，还是外星人建的，这个问题也同金字塔一样成为当今的难解之谜。

鼻子的失踪之谜

狮身人面像诞生几千年以来，饱经风吹日晒，脸上的色彩早已脱落，精工雕刻的圣蛇和下垂的长须，早已不翼而飞。然而，最叫人痛惜的是，它的鼻子怎么掉了呢？这又是一个谜。

一种至今广为流传的说法是，1798年，拿破仑侵略埃及时，看到它庄严雄伟，仿佛向自己示威，一气之下，命令部下用炮弹轰掉了它的鼻子。可是，这种说法并不可靠，早在拿破仑之前，就已经有关于它缺鼻子的记载了。

还有一种说法是，500年前，狮身人面像曾经被埃及国王的马木留克兵，当做大炮轰射的靶子，也许那时已经负了伤，鼻子挂了彩。

但是，又据某些记载，埃及的历代法老和臣民，视这尊石像为"太阳神"，朝拜的人往来不绝。后来，风沙把它慢慢地掩了

一大半，这时，一名反对崇拜偶像的人，拿着镐头，爬上沙丘，狠狠地猛凿露出沙面的鼻子，毁坏了它的容貌。奇怪的是前来拜访狮身人面像的游客，都可以看到它胸前两爪之间的一块残存的记梦碑。

碑上记载着一段有趣的故事。3400年前，年轻的托莫王子，来这里狩猎。大概是奔跑得筋疲力尽了，便坐在沙地上歇息。不知不觉竟然睡去，并在蒙眬中梦见石像对他说："我是伟大的胡尔·乌姆·乌赫特，古埃及人崇拜的神，意为神鹰，沙土憋得我透不过半点气来，假如能去掉我身上的沙。那么，我将封你为埃及的王。"

王子苏醒过来后，便动员大批人力物力，把狮身人面像从沙土中刨了出来，并且在它的身旁筑起了防沙墙。

我还想知道

狮身人面像高21米，长57米，耳朵就有2米长。除了前伸达15米的狮爪是用大石块镶砌外，整座像是在一块含有贝壳杂质巨石上雕成的。面部是古埃及第四王朝法老，即国王海夫拉的脸型。

金字塔里的秘密

金字塔如何能建的如此精确

埃及金字塔是埃及古代奴隶社会的方锥形帝王陵墓。大金字塔是第四王朝第二个国王胡夫的陵墓，建于公元前2690年左右。原高146.5米，因年久风化，顶端剥落10米，现高136.5米；底座每边长230多米，三角面斜度52度，塔底面积52900平方米；塔身由230万块石头砌成，每块石头平均重2.5吨，有的重达几十吨。

有学者估计，如果用火车装运金字塔的石料，大约要用60万节车皮；如果把这些石头凿碎，铺成一条一尺宽的道路，大约可

以绕地球一周。据科学家考证，这座金字塔是10万人用了30年的时间才得以建成。

如果说金字塔的建造令我们迷惑不解的话，那么，金字塔本身所包含的秘密更令我们难以想象和猜测。

暂且不说它的神秘，只是它那涵盖的科学技术就令我们惊叹不已了！

金字塔与天文学、数学有着一种现代人难以理解的联系。大金字塔的底是地球旋转大轴线一半长度的1/50，但如此精确的数字，建造者是怎么算出来的呢？人们不得而知。

同时，这座大金字塔还确定了法寸的长度与公亩的边长，人们可以从中找到一寸的长度，它与普鲁士的古尺相等。

大金字塔的重量单位或容量单位是以上述的长度单位与地球的密度组合而成的；大金字的热量单位是整个地球表面的平均温度；时间的单位与一周7日的分法也在其中得到表现。

另外，大金字塔内那间陈放法老灵柩的墓室，其尺寸为2：5：8和3：4：5，这个数字正好是坐标三角形的公式。这个公式的发明人是古希腊的哲学家毕达哥拉斯，而毕达哥拉斯诞生时，金字塔早已建好2000年。

金字塔与科学的含义

大金字塔地址的选择更颇有意味，子午线正好从金字塔中心穿过，也就是说它坐落在子午线的中间。这似乎可以窥视金字塔的建造者，为什么要选在沙漠中

这块独特的岩石地带作为塔址。这片岩石地带有一道V字形的天然裂缝，正好利用它来建造巨大的陵墓。

而且，金字塔坐落的地方，正好可以把陆地和海洋分成相等的两半。不是对地球构造了如指掌的人，是不可能选择这里作为塔址的，而古埃及法老们有这个能力吗？

越来越多的学者发现金字塔有着挖掘不尽的科学含义。1949年一位德国学者提出，用金字塔的数学资料可以轻而易举地推算出地球的半径、体积、密度及各星球运行的时间，甚至男人女人的生命周期。当人们尚对此瞠目结舌时，法国一位更前卫的学者在1951年提出了更加玄奥的问题："大金字塔是否包含了原子弹的方程式？"

金字塔的建造之谜

金字塔的建造方法没有任何文献记载。后人有几种推想。一种是用一个巨大的杠杆，一段用绳子绑住石块，另一端通过人力将石块吊往上方，然后将石块逐步往上堆砌；另一种推测是，用土堆成斜坡，利用木质滚轴将石块拉上去，土堆是环绕金字塔螺旋上升；也有人认为，第二种方法土堆的清除是一个很大的问题，因而推测开始用土堆，然后用杠杆。

但是，也有另外的说法。2006年时，费城德莱瑟大学材料工程学教授巴尔·索姆就推测："古埃及人在建造金字塔的上层时，是把混凝土灌入高处的模子内，而不是把巨石拖运到高处。"这种说法遭到许多人质疑，其中他们质疑巴尔·索姆的采样是否是采样到近代修补金字塔时所用到的水泥。

而法国建筑师让·皮耶·胡丹于2007年3月31日提出"由内往外盖"论点，认为是在大金字塔外墙砌一道外置斜坡，接着再建构一条内部螺旋隧道。

金字塔是外星人所造吗

考古学家称金字塔内藏有外星人或生物。保罗·加柏博士与其他考古专家在研究埃及金字塔的内部设计技术时，偶然发现塔内密室中藏有一具冰封的物件。保罗·加柏博士用探测仪器检查后，竟发现该物件内有心跳频率及血压显示，相信它已存在5000多年。

专家们还认为，冰封底下是一具仍有生命力的生物。科学家们又从该塔内发现的一卷用象形文字记载的文献得知，约距今5000年前，有一辆被称为"飞天马车"的东西撞向开罗附近，并有一名生还者。

该卷文献称之生还者为设计师，考古学家相信这个太空人便是金字塔的设计及建造者，而金字塔是作为通知太空的同类前往救援的记号。

但令科学家们迷惑不解的是那太空人为何制造了一个如此稳固、不会溶解的冰格，并把自己藏身于内？

金字塔所包含的这许许多多的秘密困惑着各国一代又一代的科学家。什么时候，人们才能揭开金字塔的真面目？

我还想知道

埃及迄今已发现大大小小的金字塔110座，其中最大最有名的是位于开罗西南面的吉萨高地上的祖孙三代金字塔。即大金字塔，也称胡夫金字塔、海夫拉金字塔和门卡乌拉金字塔。

亚历山大灯塔

亚历山大灯塔的历史

公元前280年秋天，一个月黑风高的夜晚，一艘埃及皇家喜船，在驶入亚历山大港时，触礁沉没，船上的皇亲国戚及从欧洲娶来的新娘，全部葬身鱼腹。这一悲剧，震惊了埃及朝野上下。埃及国王托勒密二世下令在最大港口的入口处，修建导航灯塔。

经过40多年的努力，一座雄伟壮观的灯塔竖立在法洛斯岛的东端。它立于距岛岸7米处的石礁上，人们将它称为"亚历山大法洛斯灯塔"。

当亚历山大灯塔建成后，它以120米的高度当之无愧地成为当时世界上最高的建筑物。他的设计者是希腊的建筑师索斯查图

斯。1500多年来，亚历山大灯塔一直在暗夜中为水手们指引进港的路线。

14世纪，亚历山大城发生了一场罕见的大地震，摇晃的大地以巨大的力量摧毁了这座古代世界的建筑奇迹。这座亚历山大城的忠诚卫士就这样消失了。

又过了一个世纪，埃及国王玛姆路克苏丹为了抵抗外来侵略，保卫埃及及其海岸线，下令在灯塔原址上修建了一座城堡，并以他本人的名字命名。

1966年，改为埃及航海博物馆，展出模型、壁画、油画等，介绍自10000年前从草船开始的埃及造船和航海史。与开罗古城堡并称为埃及两大中世纪古城堡。 1996年11月，一组潜水员在地中海深处发现了据说是亚历山大灯塔的遗留物。

灯塔究竟是什么样呢

关于这座灯塔，历史上有过记录。1165年，阿拉伯史学家伊本·谢赫访问亚历山大时，写成了《艾列夫巴》一书，较为详尽地描述了灯塔。1909年，德国工程师特里希根据各种文献绘制了灯塔的复原图。这两份材料是现今了解灯塔的主要依据。

灯塔的塔身是由上中下部分组成的。下层塔身底部呈方形，塔身随着上升逐渐收缩，高约71米，底部每一边长为高度的一半，上面四个角各安置一尊海神波塞冬的儿子口吹海螺号角的铸像，以此来表示风向方位。中层呈八角形，高约34米，相当于下层高度的一半。上层呈圆柱形，高约9米，上层塔身之上是一圆形塔顶，其中一个巨大的火炬不分昼夜地冒着火焰。塔顶之上铸着一尊高约7米的海神波塞冬青铜立像。

塔身高114米，加上塔顶和塔顶之上的青铜立像，高度约135米。据说，在距离60千米外的海面上就能看到它的巨大躯体。而由凹面金属镜反射出来的耀眼的火

炬火光，使夜航船只在航行到距它56千米的地点就能够找到开往亚历山大港的航向。

灯塔的下落

亚历山大灯塔是世界著名的七大奇迹之一，但早已沉入汪洋大海。它的下落一直令人困惑，更引人猜测。

1994年，一些潜水员在亚历山大港东部港口的海床上发现了灯塔的一些遗址。通过卫星照片，更多的遗址随后显现了出来。2005年5月，埃法水下科学考察队在地中海海底发现3处具有2000多年历史的古迹和两处地下古城，并打捞出不同时期的各种雕像、器皿、浮雕和钱币等。

也有人认为，这个灯塔并不存在，是人们想象出来的。因为除了文字记载，并没有人见过它的实物。好在埃及有关部门根据考察资料绘出了亚历山大灯塔的复原图，法埃学者联合水下考古也证明了亚历山大灯塔是确实存在的。

亚历山大灯塔从公元前281年建成点燃起，直至641年阿拉伯伊斯兰大军征服埃及，火焰才熄灭。它日夜不熄地燃烧了近千年，这是人类历史上火焰灯塔所未有过的。

太阳神巨像

罗得岛的神奇传说

爱琴海上的罗得岛是古希腊文明发源地之一。在神话传说中，远古时代，希腊诸神争夺神位的战争结束后，宙斯成为众神之王。宙斯给诸神分封了领地，唯独忘了出巡天宫的太阳神阿波罗。等阿波罗出巡归来，宙斯指着一块隐没在爱琴海深处的巨石，把它封赐给了阿波罗，巨石欣然升出海面，欢迎太阳神阿波罗来居住。

阿波罗对这块领地颇为满意，用他的妻子爱神阿芙罗狄蒂之女罗得斯的名字，命名为罗得岛。他的3个儿子卡米诺斯、莫诺

利索斯、林佐斯也分封在岛上，各自建立了自己的城邦。岛上繁荣富庶，文明兴起。公元前408年，几个城邦联合，组成统一的罗得国，从此国家更为强盛，但罗得国的繁荣，也引来了战争。雅典、斯巴达、马其顿等国相继入侵，城池屡遭破坏。公元前227年，一场毁灭性的大地震毁掉了岛上的所有城市。

太阳神雕像是什么样

罗得岛太阳神巨像铸造于公元前302年，是为了纪念公元前305年发生的一场战争。

公元前305年亚历山大国王继承人之一安琪柯的儿子米特里·波里奥克特企图谋取霸权，进攻罗得岛，罗得人民英勇奋战，打败侵略者取得了战争的胜利。为了纪念这次保卫战的胜利，罗得人用缴获的青铜武器12.5吨，熔化后历时12年之久，铸造了这尊高达36.5米的太阳神阿波罗巨像，这一艺术造型是罗得

雕刻艺术的珍品。

令人遗憾的是于公元前227年毁于一场地震。长久以来，有关巨神像的模样众说纷纭，一般人都相信它是两脚分开、手持火把，站立于罗得岛曼德拉港口的入口处，船只由其胯下经过。

然而，研究显示以港口的阔度和巨像的高度来计算，这种结构是不合常理，因为巨像跨越港口入口必须要250米高才能办到，不论以金属或石块来建造，跨立的巨像绝对无法承受巨大张力和冬季强风，而且倾倒后巨像的遗迹也会阻碍着港口，所以估计真实的巨像应该立于港口东面或更内陆的地方。

太阳神雕像去哪了

关于太阳神巨像的下落，有人说由于铜像没法重新竖起，在

102

7世纪被分解熔化制作成其他器械；有人说铜像被盗走，贼船在海上遇风沉没了，后人只能根据史书简略的记载想象它的规模。

据说，美国纽约自由女神像即以太阳神巨像为蓝本，那手擎火炬、头戴光冕的姿势就带有太阳神巨像的影子。

考古学家的努力似乎为了解真相带来了一线希望。随着对罗得岛考古发掘的深入，一枚出自公元前3世纪的钱币引起了人们的注意，这枚钱币上有太阳神赫利俄斯的头像。经专家鉴定，这个头像正是太阳神巨像作者哈列塔斯作品的临摹画。

但遗憾的是铜币上只有赫利俄斯的头像，没有身体，巨像的姿势依然无法推测。也许将来有一天，考古学家们能为我们解开这个千古之谜。

希腊神话里被称为太阳神有3位，但真正的太阳神是赫利乌斯。赫利俄斯的形象为高大魁伟、英俊无须的美男子，身披紫袍、头戴光芒万丈的金冠。

土耳其地下之城

卡帕多基亚引起的轰动

土耳其的卡帕多基亚位于土耳其的格尔里默谷地，那里有许多奇形怪状的石堡，看起来和月球表面很相似。

这里的火山沉积物上矗立的石堡，是火山熔岩硬化后，经风蚀雨浸而最终形成的。

早在8世纪至9世纪的时候，这里的居民就开始凿空石堡，将其改装成居室。人们甚至在凝灰岩体上凿出富丽堂皇的教堂，在其中供奉色彩绚丽的圣像。

然而，卡帕多基亚真正引起轰动的发现埋藏在地下，那就是巨大的可居住成千上万人的地下城市。

1963年，卡帕多基亚高原上的代林库尤村爆出一条大新闻：

一个农民掘地时，在他家院子底下偶然碰到一个洞口。刚开始，这个农民望着这个深不可测的像井一样的入口，说什么也不敢下去。后来，在村民的帮助下，他沿着梯子进了这个洞口，竟发现了一处巨大的地下城。

卡帕多基亚的地下之城

卡帕多基亚的地下城市，最著名的一座坐落在今天代林库尤村附近，通往地下城市的通道隐藏在村子各处的房屋下面。人们在这里经常碰到一些通风洞口，这些通风洞从地下深处一直延伸至地面。

地下城市是一种立体建筑，分成许多层。代林库尤村的地下城市仅最上层的面积就有4平方千米，布满了地道和房间，上面的5层空间加起来可容纳10000人。里面有厨房、酒窖、仓库、睡房、教室等。

今天人们猜测，当时整个地区曾有30万人逃到地下躲藏起来，仅代林库尤的地下城市就有52口通气井和15000条小型地道。最深的通风井深达85米，地下城市的最下层建有蓄水池，用以储藏水。直到今天为止，人们在这一地区发现的地下城市已经不下36座。

地下城的建造时间之谜

没人知道卡帕多基亚地区的地下城是何时开始修建的，究竟是为什么而建的，说法颇多，莫衷一是。

考古学家在地下城最底下的一层中，发现了闪米特时代的器物。闪米特族是一支古老的神权民族，大约在公元前1800年至公元前1000 年在这里生活过，其都城哈图沙离代林库尤大约有300多千米。

人们据此判断，这些地下城早在赫梯人以前的时代就已经存在了。有人甚至认为，它的建造可以追溯至新石器时代，因为人们早已在卡帕多基亚西南发现了新石器时代用来制造石斧、石刀的黑曜石石场，而在卡帕多基亚不远处就有9000年前的人类古城遗址。也就是说，持这种观点的人认为，这些地下城建造于3000年前。

地下城建造目的之谜

人们修建这些地下城市到底有哪些用途呢？如果假设地面上的敌人拥有军队，在地面上，他们肯定能看到耕种过的土地和没有人烟的房屋。而地下城市里建有厨房，炊烟将通过通气井冒出地面，很容易被敌人发觉。

人们都知道要把待在鼠洞般的地下城市里的人们饿死或者封闭通气通道憋死，是一件轻而易举的事，所以，有专家推断，人们恐惧的不是地面上的敌人，而是能飞行的敌人。

圣书《科布拉·纳克斯特》中这样记载："所罗门大帝曾经利用一个飞行器把这一地区搞得鸡犬不宁。不仅他本人，他的儿子，所有服从他的人，也都曾乘坐过飞行器。"

阿拉伯历史学家阿里·玛斯乌迪曾描述过所罗门的飞行器，并大致介绍了这个部族。

当时的人类对于飞行器现象产生恐惧，这是很有可能的。也许他们曾被剥削、奴役过，所以每当报警的呼喊响起来的时候，人们就纷纷逃进地下城市。当然，这种说法也仅仅是一种推测。

有人猜测地下城是基督教早期，新生的宗教信徒为了避难而修建的，可据考证，当时确有基督教徒到此避过难，但建造者并非是他们。

在代林库尤村发现第一个地下城的两年后，同样一个地下迷宫在凯梅克里附近被发掘，在以后10年中，发现的地下城已达36座，而且，发现的所有地下城相互之间都能通过地道连接。

为何建造峭壁建筑

在峭壁上生活的居民

美国科罗拉多州的峡谷之中，有一片神奇的建筑群落，这些神奇的建筑就是印第安人阿纳萨托伊部落的峭壁建筑群落。

他们的所有建筑都修在峭壁之上，是北美著名的文化遗址。峭壁房屋是用石头在悬崖凹进的地方垒砌起来的，共有200多座，其中峭壁宫殿最为壮观。

阿纳萨托伊部落在13世纪离开了这片土地不知去向。据考证，这个神秘的印第安部落从2000多年前就开始在这里修建他们的居住地，至1050年，他们就已经在这里建成了12座城镇。从那

时起，这里就已成了这个部落的宗教、政治、商业中心，是一个具有5000多居民的核心居民区域。

1000年至1300年，为了抵御其他部落的侵袭，他们迁到峡谷两侧的悬崖峭壁之间，开山凿石，堆砌墙壁，修建峭壁石屋，因此在历史上有"峭壁居民"之称。

峭壁建筑是什么样子的

尽管这个北美印第安人的古代聚居地已经废弃了700多年，但是，建筑物并没有遭受太大的损害。

今天人们看到的峭壁建筑共有500多幢。其中，被称为峭壁王宫的最大建筑物建成于11世纪左右。它有200个房间，是用了几十万块扁石头和20000多根松木十分考究地修建起来的。

在峭壁王宫的周围，盖有许多地下室，这些地下室都是圆形

的屋子。

考古学家们认为：地下室是供部族内部进行社交活动和敬神用的，居民的炊事和其他家务活动则都是在露天庭院中进行的。

在峭壁建筑群中名列第二的峭壁建筑建于12世纪，它有100多个房间，而且也是建在悬崖峭壁之上的。在这些建筑中，还有专门用于敬神的太阳庙以及阳台屋、雪松塔、落日屋、方塔屋、回音室等。

为什么把房屋建在峭壁上

许多考古发现表明，阿纳萨托伊人有着极其丰富的创造力，他们虽然没有文字和计算的方法，但他们同样可以成为出色的天文学家。

在峭壁上留下的抽象壁画和人们在山谷中发现，他们用绿松

石、贝壳制成的精美饰物，都表明他们的文明程度很高，工艺水平堪称一绝。而且据大量考证表明，阿纳萨托伊人身体强壮，身高也不低于同时代的欧洲人。

这使人难以理解，这些具有发达文明的和强健身体的人们，为什么要选这样一个频频发生旱情的荒凉峡谷作为本部落的生存之地？为什么要把房屋都修建在峭壁之上，后来又是什么原因使他们放弃了这块世代居住的地方？这一直是个难解的谜。

我还想知道

峭壁建筑群位于美国科罗拉多州西南部蒙特苏马山谷和曼科斯山谷之间。峭壁建筑群是美洲大陆高度发展的印第安人文明的象征，对于了解哥伦布发现美洲大陆前的北美印第安人生活极有价值。

复活节岛巨雕

复活节岛的发现

复活节岛是世界上最与世隔绝的岛屿之一，离其最近有人定居的皮特凯恩群岛也有2000多千米的距离。1722年，荷兰探险家雅可布·洛吉文在南太平洋上探险，突然发现一片陆地。他以为自己发现了新大陆，赶紧登陆，结果上岸后才知道是个海岛，正巧这天是复活节，于是就将其命名为复活节岛。

112

复活节岛是智利的一个小岛，呈三角形状，面积约为117平方千米。岛上死火山颇多，有3座较高的火山雄踞岛上3个角的顶端，海岸悬崖陡峭，攀登极难。

复活节岛上的奇特雕像

复活节岛上矗立600多尊巨人石像，高7米至10米，重约30吨至90吨，有的石像帽子就重达10吨之多。它们均由整块的暗红色火山岩雕琢而成，所有的石像都没有腿，全部是半身像。

石像的眼睛是用发亮的黑曜石或闪光的贝壳镶嵌的，格外传神。额头狭长，鼻梁高挺，眼窝深凹，嘴巴噘翘，大耳垂肩，胳

膊贴腹。所有石像都面向大海，表情冷漠，神态威严，远远望去，就像一队准备出征的武士，蔚为壮观。

古人是如何搬动巨像的

海洋中的火山岛都是由玄武岩构成的。而用来雕刻石像的材料不是玄武岩，而是凝灰岩和层凝灰岩，有的甚至是浮石。古代雕刻家非常了解浮石的特性，他们制作好帽子后，不是搬着它到处跑，而是把它滚向目的地，再放到石像的头上去。

人们只发现了30多座戴帽子的雕像，而且这些戴帽子的雕像又都站立在有浮石层的地方。毋庸置疑，帽子就是在石像附近造好的，然后再顺着用石块叠成的脚手架滚到雕像的头上，而不是抬上去的。

为何会有没有完工的雕像

火山口里还有大约400多尊没有完工的雕像，有的只有不多的斧凿痕迹，有的则几乎已经可以搬走。从火山口下来的路上，分散着几十尊已完工的雕像，这些尚未完工的石像，又是遇到什

么问题而突然停了下来呢?

　　有关学者考证,人类登上复活节岛始于1世纪,石像底座祭坛建于7世纪,石像雕琢于1世纪后。12世纪时,这一雕琢活动进入鼎盛时期,约1650年前后雕琢工程停了下来。

　　从现场看,当时停工的直接原因可能是突遇天灾,比如火山喷发,或是地震、海啸之类的自然灾害。至于石像代表了什么,多数学者认为,可能是代表已故的大酋长或是宗教领袖。

我还想知道

　　复活节岛,1888年归属智利,当地波利尼西亚语称"拉帕·努伊",意为"地球的肚脐",表示自己是地球的中心。全岛共发现1000多尊巨大的半身人面石像。

115

置疑考证

    名胜古迹的鬼斧神工令人不胜感叹，但其中的很多谜团令人迷惑不解，科学工作者通过考证陆续解开了部分谜底，可尚有无数疑问等待着我们去研究、揭晓。

太阳门之谜的考证

太阳门的外形

号称"世界考古最伟大发现之一"的"太阳门"就在蒂瓦纳科城中。古代蒂瓦纳科文化时代的巨石门，就位于玻利维亚高原地区。可能原为一个巨大神庙的门，上有浮雕，因门楣上刻有太阳神形象而得名。

在的的喀喀湖东南21千米，海拔4000米高的层峦叠嶂的安第斯高原上，有一座前印加时期的蒂瓦纳科文化遗址。该遗址被一

条大道辟为两半，一边是阿加巴那金字塔，另一边是卡拉萨萨亚建筑。该建筑至今仍完好无损，四周围以坚固的石墙，里面有梯级通向地下内院，西北角就坐落着美洲古代最卓越、最著名的古迹之一——太阳门。

其号称"世界考古最伟大发现之一"。可能原为一个巨大神庙的门，上面刻有浮雕，因门楣上刻有太阳神形象而得名。它被视作蒂瓦纳科文化的最杰出的象征。蒂瓦纳科文化是5世纪至10世纪之际影响秘鲁全境的一支文化。

太阳门用途之谜

太阳门作为蒂瓦纳科文化的代表，由重达百吨以上的整块巨

型石雕镌而成，造型庄重，比例匀称。它高3.048米，宽3.9629米，中央凿一门洞。

　　门楣中央刻有一个人形浅浮雕，双手各持着护仗，在其两旁平列着3排48个较小的图像，其中上下两排是面对神像的带有翅膀的勇士，中间一排是人格化的飞禽。此外，还有众多至今仍难了解其涵义的符号。

　　这块巨石在发现时已残碎，1908年经过整修，恢复旧观。据说每年9月21日，黎明的第一缕曙光总是准确无误地射入门中央。面对着"太阳门"，惊叹之余，人们必然要产生种种疑问。

古代的印加人为何要不惜巨大的劳动力来建造这巨大的石门？或者说，太阳门究竟是作什么用的呢？

从太阳门秋分时节射入第一道太阳光这点来看，有人认为，太阳门上刻的是历法知识。如果是这样，那将是世界上最古老的历法。然而这些图案与符号是如何表达历法的？古印加人又是如何测算出秋分时节太阳与太阳门位置关系的？

太阳门巨石搬运之谜

美国考古学家温德尔·贝内特用层积发掘法证明蒂瓦纳科文化的最早年代是在300年至700年，而太阳门和其他一些建筑应是

在1000年前正式建成的。建造太阳门的安山岩产于的的喀喀湖上一个名叫珂帕卡班纳的半岛，它是怎样搬运到蒂瓦纳科来的？

玻利维亚的科学家们做过实验，用木筏在水上只能运输较小的石块。如从陆上运输，6名士兵才能拖动一块半吨重的石头。而太阳门的重量在100吨以上，该用多少人来拖动？

而且，要把这么庞大沉重的石门立起来，必须要用大型的起重机。而当时的印加人连车辆都没有发明，他们是怎样把这巨大的石门立起来的？太阳门吸引了众多学者的目光。尽管许多人做

了深入研究，但这一切仍无法解释。

更有甚者，说蒂瓦纳科是外星人在某一时期建造在地球上的一座城市，太阳门是外空之门。总之，对太阳门众说纷纭，莫衷一是。但我们相信，随着考古资料的不断发掘和科学技术的进步，太阳门的秘密总有一天会被揭示。

人们对蒂瓦纳科有各种各样的说法，但最具有吸引力的是把它解释为古代进修的伊甸园，另外还有一个奇特说法是，这地方是12000年前古代宇航员在地球上的栖息地。

谁烧掉了芝加哥城

芝加哥城的惊人大火

1871年10月13日傍晚，美国芝加哥市城东北部的一座房屋着火，这是发出的第一个警报。夜晚接着又传出新的消息，离此屋2000米之外的圣徒巴维尔教堂也着火。

之后，接连不断的报警以惊人的速度在增多，消防队员们手忙脚乱不知所措。

事后芝加哥市消防队队长门齐尔说："这些失火的消息像雨点般地一个接一个传来，我们实在不知该从哪着手。"

这次大火使12.5万多人无家可归，几千人被活活烧死，烧伤者不计其数，火灾损失高达1.5亿美元。

死亡人数是按照找到的尸体计算出来的，然而有人则认为，许多死者没有被统计在内，诸如当时流动人口尚未登记，还有许多人烧得连尸骨都没有了。

更有甚者称，有关当局在统计人数时，并没有将来自意大利、印度和中国的劳工死亡人数计算在内。

芝加哥火灾的肇事者

芝加哥火灾之后，有人怀疑是一头母牛碰翻了一盏煤油灯引起牛栏首先起火，当时人们对此结论深信不疑。但门齐尔又宣称："这头母牛不是真正的肇事者，因为火如果是从一个地方燃起的，不可能这么快就漫布全城，并且当时又是在一个无风晴朗

的日子里。"

火灾后有关部门查明，发生火灾的地方不只是一个芝加哥城，还有芝加哥附近的一些城镇。同时，在威斯康星州、内布拉斯加州、密歇根州、堪萨斯州、印第安纳州等地的森林和大草原也发生了火灾。

火灾是陨石造成的吗

芝加哥火灾发生很久以后，一位美国科研人员为考证火灾与气象的相互关系，重新提出了对火因的看法。

他认为，芝加哥灾祸最大可能是由于一场炽热的陨石雨引起的，因为当时城市上空并没有风，但只有两小时全城就变成了一片火海，这说明这场火灾不是一般的火灾。

至于城郊几千人的死亡，则是因彗星大气层中所含的毒气体，即一氧化碳和氰污染了城郊空气而使他们中毒死亡。

然而，还有一些学者认为，是由于地球与高速运行的彗星尾巴相碰，使地球大气层一下子变得炽热而造成的。

　　前苏联的一些科学工作者则另有看法，他们认为彗星上只有各种冰和微小坚硬细尘的松软聚积，并没有什么能引起火灾的东西。地球也曾经多次穿越彗星尾巴，但每次都没有发生意外，也没有使大气层空气受到有毒气体的污染。

　　至于陨石，虽说它飞进大气时也会燃烧和熔化，但只是陨石表面薄薄的一层，陨石内部始终是很冷的，他们认为芝加哥火灾的起因应该还是在地上。所以，有人认为是由短暂的龙卷风造成的。国际论坛上对此各持己见，至今尚无定论。

我还想知道

　　为了能够阻止芝加哥大火的蔓延，消防队员炸掉了两幢大建筑，但没有奏效。最后，芝加哥大火被一场大雨而浇灭，芝加哥市2124公顷面积的市中心仅30小时就变成了一片焦土。

花山壁画作者是谁

花山壁画的神奇特点

在我国广西定阳县城北约25千米处的东岸悬崖峭壁之上，有一幅原始壁画，这就是著名的"花山崖壁画"。

壁画画面十分壮观，整个画面中共有1300多个人物，画面之中有尊巨人，头戴虎冠，挎刀骑兽，手握箭镞，气度不凡；还有一些大汉，勇武粗壮，正面马步而立，两手屈肘平举，看上去力气很大。在形形色色的人物中间，还夹有一些动物形象。

花山整座峭崖画满了各种呈土红色的人像和物像，人像中有正面和侧面两种姿势。正面人像呈两手高举，两脚叉开成立

马式，侧面人像呈两手平伸，两腿微蹲呈跳跃状，既像练兵习武，又如狂舞欢歌。物像中有似马似狗的，有像藤牌、锣鼓、太阳的。画像中的人物线条粗犷，栩栩如生，人像中有佩刀剑的，有戴桂冠的是这些人物中的头人或指挥者，其周围都有一群"小人物"朝着他，组成了一幅幅神情各异的画面。

传说：纸人复活了

关于花山壁画的出现，民间流传最广的是这样一个传说：

很久以前，宁明那利有一个叫做勐卡的大力士，因为不满当地百姓被官员欺压想造反，但没有兵马，于是他在纸上画。他画的兵马，经过100天就可以变成真人真马，可前提是不能让任何人知道。

哪知一日，其母打开藏有纸兵纸马的箱子，只见狂风大作，天昏地暗，人马飞出落在山崖上，因不足百日，尚未点化成人而变成现在的壁画。每逢刮大风、打雷、下大雨，壁

画的图形都有一些剥落，老人就会这样讲：他们又去别处投生了，去做他们还没有做完的事。

花山壁画的作者之谜

如此巨作却无人知晓它的作者是谁，它出现在什么年代，作画人是怎样在几十米高的悬崖上完成这些艺术创作的。从壁画所在岩崖上的岩石被风化、剥蚀的情况可以看出，这些壁画非常古老。可是，这些壁画的线条却是如此清晰，色彩依旧，又该怎么解释呢？

一些研究者根据画面的古朴、单纯断定，它是少数民族的原始艺术品。有的学者根据广西历史记载中铜鼓和环首刀流行时代

的说法，认为壁画形成于西汉。

也有的学者根据壁画中唯一出现的文字"魁"是楷书体，考证它是唐代以后的作品。

还有学者依据明江两岸的所有壁画都制作在有江河沿流和深潭水旁的高山上这一特点，再加上壮族的经济生活和习俗，认为壁画是壮族人民祷告水神镇压水鬼的作品。

此外，还有人认为这些壁画的作者是唐代的开成、咸通年间以盘瓠为崇拜对象的原始居民，处于野蛮状态高级阶段的苗瑶民族。

后来他们因为战争带来灾难而远迁离开故土，于是壁画失去了主人。虽然种种说法都有所依据，可又都是推断而已，缺乏必要的科学依据。

我还想知道

1998年，以花山崖壁画为中心的花山风景区被定为国家级风景旅游名胜区，成为与桂林漓江、桂平西山齐名的广西三大国家级风景旅游名胜区之一。

柬埔寨吴哥城探秘

吴哥城的偶然发现

吴哥城，又名大吴哥是9世纪至15世纪高棉帝国最长久的国都。法国生物学家亨利·墨奥特为寻找珍奇蝴蝶的标本来到法国领地印度支那半岛的高棉，当他从随从口里得知密林深处有一座大城堡时，心中泛起一种好奇心，决定继续前进，一探究竟。

他和4名随从在这蛮荒的丛林搜寻了5天，什么也没发现，正当他们要返回时，5座石塔忽然呈现在他们眼前，尤以中央那座最高、最宏伟。5座塔尖映在夕阳里，闪闪发光。

墨奥特惊叫着奔向前去，尽情观赏着这座埋藏在丛林中的古城，这就是闻名的吴哥城，古名禄兀。

吴哥城为何被莽草吞没

墨奥特为了使人们尽快地知道他在森林里的伟大发现，匆匆忙忙地返回了法国。数月之后，墨奥特又一次到柬埔寨森林进行探险。可是在这次探险中他染上了疟疾，离开了人间。后来，有人相信了墨奥特的话，来到柬埔寨的热带森林，证实了墨奥特所言非虚。

但是，是谁在什么时间，出于什么目的，建造了这么大的城市和寺院呢？

据说，9世纪初，柬埔寨人的祖先高棉族中，从东南亚修行

133

来到这里。

后来，12世纪至13世纪，吴哥窟周围挖掘了12000米长的环城沟，并且建造起有城郭的吴哥城。

从吴哥城的规模可以估计出，这座古城最繁荣的时候，至少有200万居民。可是，为什么这样一个有雄伟的王宫和庄严的庙宇以及图书馆和蓄水池，有强大的军队和政权的繁荣昌盛的都城，竟然被丛生的莽草所淹没了呢？

有人猜测，可能是因为当时流行瘟疫或霍乱之类的疾病，使200万居民在不到一个月的时间里全部死去。

另外，也有人猜测，可能当时吴哥城发生了内战，市民们互相残杀，结果都死掉了，只留下这孤零零的建筑群耸立在这里。可是，如果说200万居民是同时死去的，这里应当留下很多的骸

髅和尸骨才对。

吴哥城灭亡猜想

吴哥人到底因为什么不见了？

有人这样猜测：说不定是外来的敌人攻占这座城后，将城里的所有市民赶到某一地方做奴隶去了。

一位研究柬埔寨古代历史的专家有如下一些论断：亡国是由于奴隶们不断起来反抗所造成的。数万、数十万的高棉奴隶，为了满足国王的奢欲，忍饥挨饿，在采石场或在建筑城墙的工地上像牛马似的劳动，每天都有大批的奴隶死亡。

有一天，奴隶中出现一个领头造反的领袖，他率领奴隶们起义了。他们杀死了奴隶主，把房子也烧了，将所有的贵族和他们的子女都杀死了，最后只剩下奴隶们了。后来奴隶们抛弃了这座城市，迁移到别的地方去了。

从此以后，这里杂草灌木丛生，再以后就变成茂密的热带森林，成了蝙蝠、眼镜蛇、猴子、豹子等动物出没的地方。据说，吴哥窟在墨奥特发现之前，已经静静地沉睡了500多年。可是，吴哥窟绝对是美丽的，当初为什么要放弃这个美丽的地方呢？这些居民们究竟去了哪了？这些谜团至今没有人能解开。

吴哥都城占地9平方千米，在这范围内包括一系列各朝建立的古都遗迹：苏利耶跋摩一世重建的空中宫殿，乌达雅地耶跋摩二世建立的巴普昂寺，阇耶跋摩七世建立的巴云寺、象群台和癫王台等。

哥斯达黎加的巨型石球

巨人玩的石球

哥斯达黎加共和国位于中美洲南部卡维斯河畔，是一个美丽富饶的热带国家。境内大部分是山地和高原，北部和沿海为低地平原。在古代，曾经有30000多名印第安人栖息在这块土地上。

20世纪30年代末，在人迹罕至的三角洲丛林以及山谷和山坡上，人们发现在那儿整整齐齐地排放着几十个一人多高的巨型石球，旁边还有一些皮球大小的小石球。

石球中，最大的直径达25米，重达16吨之多，最小的仅有几千克重。球异常光滑，清亮见影，上面雕刻着一些莫明其妙的图案，直线、斜线、三角形等相互交织。多数石球是被搁置在一起的，它们有的呈一条直线排列，有的排成圆形或者其他形状。

这些巨型石球是何人制作的？怎样制作的？为什么要制造这些石球？把这些石球放在这里排成种种形状又是意味着什么呢？

科学家们对这些石球进行了详细认真地测量，发现这些石球

表面上的各点的曲率几乎完全一样，简直是一些非常理想的圆球。这些石球有什么用，没有人能够加以正确的阐释。摆放在墓地东西两侧的石球可能代表太阳和月亮或图腾，但这只是推测，有人戏称之为"巨人玩的石球"。

石球的制作之谜

据考证，这些石球差不多都是用坚固美观的花岗岩制作而成的。令科学家和考古工作者迷惑不解的是，这些石球所在地的附近并没有提供可以制作它们的花岗岩石料，在其他地方也找不到任何原始制作者留下的踪迹。

而对这样奇特的现象，使人们不得不提出一连串颇费心机的难题：是什么人在什么时候制作了这些了不起的巨大石球？所必需的巨大石料如何运到这里？究竟用什么工具加以制作？

从大石球精确的曲率可以知道，制作这些石球的人员必须具备相当丰富的几何学知识，具有高超的雕琢加工技术，还要有坚硬无比的加工工具以及精密的测量装置。否则，他们无法完成这些杰作。

即使在远古时期，生活在这里的印第安人大多数都是雕琢石头的巧匠，难道这些大至几十吨的石球就是他们的祖先在缺乏任何测量仪器的情况下，运用原始简陋的操作工具一刀一刀地雕琢而成的吗？这实在是令人难以置信的事。

石球与天外来客有关吗

在哥斯达黎加的印第安人中间，长期流传着古老的神奇传说，其中就有宇宙人曾经乘坐球形太空船降临这里的故事。因此，不少人在对上述奇迹百思不得其解的情况下，便猜测这些大石球与天外来客有着直接联系。

依照他们的看法，这些天外来客降临这里后，在较短的时间

内制了这些大石球。并将它们按照一定的位置和距离进行了排列，布置成模拟某种空间天象的"星球模型"。这些大石球象征着天空中不同的星球，它们彼此之间相隔的距离，表示星球间的相对位置。

据说，天外来客试图利用这些石球组成的星球模型向地球上的人类传递某种信息。但是，今天有谁能理解这个星球模型的真正涵义呢？又有谁能知晓在这些大石球中，哪一个代表这些天外来客生活的故乡呢？

我还想知道

德国的瓦尔夫格堡、埃及的卡尔加、美国的加利福尼亚州和新墨西哥州，以及新西兰的墨埃拉·鲍尔达海滩，都曾发现过神秘石球。在我国山西雁北地区和新疆的第三纪砂岩中，也曾发现过。

标记是外星人留的吗

石头标记是航标吗

在秘鲁利马南部的毕斯柯湾，有一个人工建造的红色岩壁，岩壁上雕刻着一个巨大的三叉戟或三足烛台形状的图案。三叉戟的每一股约有4米多宽，而且是用含有像花岗岩一样硬的雪白磷光性石块雕成的，是什么热情驱使古代人建造这么巨大的石头标记呢？

一些考古学家认为，毕斯柯湾岩壁上的三叉戟是指示船只航行的航标。但大多数考古学家不同意这种说法，他们指出，绘制在这个海湾中的这幅三叉戟图案，不能使所有角度上航行的船只都能看到它；况且，在遥远的古代，是否有远洋航行这回事都值得怀疑。

如果有些航行必须要用航标来指示的话，古印加人为什么不利用两座岛屿？这两座岛屿就在三叉戟的中股延伸线的同一海面上，不管船只从

哪一个方向驶向海湾，从很远的地方就可看到这些岛屿。

但如果用三叉戟当航标，从南方或北方来的海员却不能看到它。

另外，有一点也值得注意，在三叉戟坐落的地方，除了一片沙滩之外，没有任何东西可以吸引海员。

而且，就是在史前时代，那里的水中也是礁石嶙峋，根本就不适于船只停泊。因此，考古学家们认为，这座在古时候光芒耀眼的三叉戟图案，一定是作为某些会"飞"的人的航空标志而设置的。

神秘图案的发现

20世纪30年代，在距三叉戟图案100千米外的纳斯卡荒原上，考古学家又发现了许多神秘的图案。这些图案遍布从巴尔帕的北边至纳斯卡南边的37千米狭长地带。

它们是一些几何图案、动物雕绘，以及排列整齐的石块，很像一座飞机场的平面图。

此外，还能看到一些巨型动物的轮廓。它们都是用明亮的石块镶嵌出来的。其中有极长的鳄鱼，卷尾的猴子……还有一些地

球上从未见过的异禽怪兽。

是谁制作了这些图案？为什么把它们绘得如此巨大？这些异禽怪兽是远古地球上的生物，还是来自于地外星球的生物？制作者镶嵌这些图案有什么特殊用途吗？

岩石上的机器人画像

据当地的传说，在过去的某一个时期，一群不明来历的智慧动物，在今天纳斯卡城近郊的一块无人居住的荒原上登陆，并为他们的宇宙飞船在那里开辟了一座临时机场，设置了一些着陆标记。这之后，不断有他们的飞船在这里着陆和起飞。

这群宇宙来客在完成了他们的使命后，又离开地球回到自己的行星上去了。

考古学家们对这个神话般的传说着迷。他们在距离纳斯卡250千米的玻利维亚英伦道镇的岩石上，发现了许多巨大的指向标。

在智利的安陶法格斯塔省的山区及沙漠中，也陆续找到了这样的东西。

在人迹罕见的泰拉帕卡尔沙漠的山坡上，有一幅很大的机器人图案。这幅机器人图案约有100米高。

它的形状是长方形的，很像棋盘，两腿直条条，纤细的脖子上是一个长方形的头颅，上面有12根一样长的天线般的东西竖立着。在这幅图案上，从机器人的臂部到大腿间，有着像超音速战斗机似的三角鳍连接在机器人身体的两边。

这些石头标记是谁留下的？是外星人的导航标吗？这些图案与宇宙来客有关吗？

我还想知道

对古代印加人来说，飞行的观念显然是至关重要的。曾有一家现代气球制作公司对印加出土的一些织物做了试验，结果表明，这些古代织物的质地比这家公司自己生产的织物更紧密。

图尔卡纳荒原上的石柱

变成石头的人

在非洲肯尼亚共和国北部，图尔卡纳湖以西有一片广袤的荒原。在荒原上屹立着19根石柱，每根石柱的长短和大小各不相同，插入地下的角度也各不相同。

石柱之间的间隔很小，一般距离不超过一米。这些石柱上刻有许多奇形怪状的花纹和左右对称的图案，其中也有毒蛇和鳄鱼等动物的形象，较多的是酷似字母"E"的图案。另外，这19根

石柱全向北倾斜。

当地居民是图尔卡纳族人，他们把荒原石柱称为"纳穆拉图恩加"，在图尔卡纳族的语言中，"纳穆拉图恩加"的原意是"变成石头的人"。

关于这个名字的来历有一段古老的传说：相传在遥远的古代，有19个人因触犯天条而受到天神的惩罚；他们变成了19根石柱，永远站立在荒原上，仰望着天空，祈求天神的怜悯和恩赐。直至现在，图尔卡纳族人还在石柱顶上用小石块堆成小金字塔形的锥状物，向天神诚心祭拜。

石柱有什么用途

这19根石柱过去一直没有引起人们的注意，直至1975年才

引起考古学家们的极大兴趣和高度重视。

从此以后，10多年来许多国家的学者纷纷前往考察。经长期调查研究，大家一致认定这19根石柱是2000多年前古人特意建造的一座石头天文台。经放射性碳－14的分析测定，这座石头天文台的年龄为2285年。

由此可知，这19根石柱大约是公元前300年左右竖立起来的。石柱之间连接成的几何线条可以确定天空中一些星座的位置。西侧的第十五号和第十八号石柱是观察天空中星座的基本石柱，观察者站在它们的背后，就能经过其他石柱的顶端划出一条条线指明星座出现的空间位置，和这些星座在天空中移动的踪迹。这种方法能达到非常精确的程度。

在这19根石柱中，最高的是第十一号石柱，最短的是第十九号石柱，几乎没有任何一根线通过这两根石柱的顶端向天空延

伸，这两根石柱组成的线条也不指向任何一个星座。

究竟第十一号和第十九号石柱的作用是什么呢？至今考古学家还无法弄清其中奥秘。

图案代表什么

石柱上所刻的花纹图案究竟代表什么呢？例如，石柱上所刻酷似字母E的图形包含的意思是什么呢？

据调查，肯尼亚的莱恩基列族人自古至今盛行这样一种风俗习惯：人们爱用小刀或其他锋利的器具，在自己的手上划出3个E字形的伤口，并在伤口上搽上盐，等伤口愈合后E形的伤疤就会更加突出显眼，永不消失。他们还爱在家畜身上盖上E字形图案作为标记。

究竟石柱上所刻的E字形与莱恩基列族人喜爱的E字形之间有什么联系呢？总之，这19根石柱上的许多奥秘至今还没有被考古学家所揭示。

图尔卡纳族中的男人分为两个不同的年龄组：石组和豹组。一个男子和他的父亲必须分开在两个对立的组别。传统上，石组和豹组穿着有别，节庆中不同桌而食，作战时也编入不同的军队。

北京城为何缺失西北角

缺失西北角都城的传说

1972年和1975年，资源卫星对北京城进行了高空拍摄，从拍摄的照片来看，最为清晰的是明朝修建的内城城墙。尽管绝大多数的城墙、城楼已荡然无存，但由于旧城墙原址具有非常坚实的地基，因此照片上的影像十分清晰。

其中，最引人注目的是四面城墙的东北、东南、西南角都为整齐的直角，却唯有西北角成了抹角，四角缺了一角，这是什么原因呢？

有一种传说，说的是在明朝初年，燕王修建北京城时，命令手下的两个军师刘伯温和姚广孝设计北京城的图样。他们俩在设计的时候，不知何故眼前都出现了八臂哪吒的模样，于是，

两个人就都各自照着画了。姚广孝画到最后，正好吹来了一阵风，把哪吒的衣襟掀起了一块，他也就随手画了下来。

到后来建城的时候，燕王下令说：东城按照刘伯温画的图建，西城则照姚广孝画的图建。而姚广孝画的被风吹起的衣襟，正好是城西北角从德胜门至西直门往里斜的那一块，因而至今那里还缺着一角。

这是明代都城标准建式吗

有人认为，这和明朝的创建者朱元璋有关。朱元璋是接受了"高筑墙，广积粮，缓称王"的建议后统一中国的，深感必须有高深的城墙作为都城的防卫，于是，就令谋臣主持设计城池图样。

当朱元璋看到按照传统规矩设计的矩形图案时，觉得不妥，要求根据《礼记》的"规矩城设，不可欺以方圆"的原则改动一下，并提笔将矩形图案的一角抹去。

随后，由皇帝改动的城池图式昭示天下，使明代所建之城大都遵照此式：四角缺一。

后来燕王朱棣建北京城，四面城墙也不能组成矩形，它的东

北、东南、西南角是整齐的直角，而西北角从德胜门至西直门一线却成了抹角。

这和西北角的河流有关吗

有的学者认为，元代时的大都城的北城墙，至今遗址仍在，令人注目的是它的西北角并无异常，是呈直角形的。明代重修北京城时，为了便于防守，就放弃了北部城区，在原城墙南边2500米处另建新墙。

由于当时西直门附近河泊密布，沟渠纵横，因此，新建的北城墙西段穿过旧日积水潭最狭窄的地方，然后转向西南，把积水潭的西端隔在城外，于是西北角就成了一个斜角。这种观点为大多数人所接受。

由于古籍、史书上缺乏记载，因此各家之说难以印证，问题的真正答案尚需进一步探讨。

我还想知道

近年来，一些地质工作者提出，城墙西北角最初修建时很可能是直角，由于西北角城墙最初修建时，建在断裂破碎带上，因为多次倒塌，后来才改进成现在这种抹角式的城墙，以避开断裂带。

独石教堂为何建在山区

为何修建独石教堂

埃塞俄比亚是一个山地高原国，有"非洲屋脊"之称。这里的高山几乎全是火山，石匠们在火山灰和熔岩凝合在一起的岩石上开凿出一座座教堂，最著名的是拉利贝拉岩石教堂群。

拉利贝拉岩石教堂始建于12世纪后期的拉利贝拉国王统治时期，拉利贝拉是一名热忱、虔诚的基督徒。

有一次，他在梦中得到神谕，要求他用一整块岩石建造教堂。于是，拉利贝拉动用20000人，花了24年，凿出了11座岩石教堂，人们将这里称为拉利贝拉岩石教堂，即"独石教堂"。

独石教堂为何建在山区

拉利贝拉岩石教堂共有11座，分成3群，它们在布局、比

例、风格上都各有特点，教堂间由地道、深沟和山洞相连，这些教堂至今仍在使用，到教堂礼拜已成为当地村民生活的一部分，礼拜者多得惊人。

　　这些雄伟的教堂为什么要建在荒凉的山区呢？有人认为，这是为了安全和隐蔽，以防备入侵者的破坏。也有人认为，这是宗教上的原因，教堂必须同大地连成一体，伸向天空，从而把上界和下界连接起来。

　　同时，还有人认为，当时阿克苏姆王朝的一些先进建筑技术失传了，因此只能开凿岩石来建筑教堂。看来，荒凉山区的独石教堂还有许多奥秘未被揭开。

我还想知道

　　拉利贝拉教堂是扎格王朝建筑的丰碑，也是埃塞俄比亚人信奉基督教的见证。1000多名教士在这里侍奉上帝。它的周围，渐渐形成一个市镇，因为，到这里来祈祷和旅游的人太多了。

图书在版编目（ＣＩＰ）数据

名胜古迹的置疑考证：名胜时空穿越 / 韩德复编著
. -- 北京：现代出版社，2014.5
ISBN 978-7-5143-2665-9

Ⅰ．①名… Ⅱ．①韩… Ⅲ．①名胜古迹－世界－通俗
读物 Ⅳ．①K917-49

中国版本图书馆CIP数据核字(2014)第072356号

名胜古迹的置疑考证：名胜时空穿越

作　　者：韩德复
责任编辑：王敬一
出版发行：现代出版社
通讯地址：北京市定安门外安华里504号
邮政编码：100011
电　　话：010-64267325　64245264（传真）
网　　址：www.1980xd.com
电子邮箱：xiandai@cnpitc.com.cn
印　　刷：汇昌印刷（天津）有限公司
开　　本：700mm×1000mm　1/16
印　　张：10
版　　次：2014年7月第1版　　2021年3月第3次印刷
书　　号：ISBN 978-7-5143-2665-9
定　　价：29.80元